99%のズボラが続いたスゴイ筋トレ

膝《ひざ》パカ

Yutore《ユウトレ》

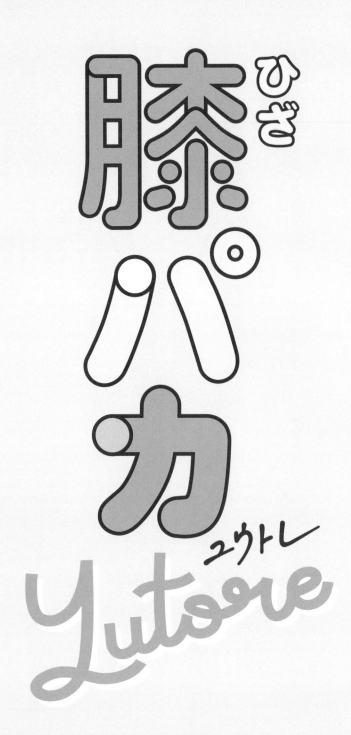

付録を使おう!

膝パカ バンド

最後のページに
付属しています

どんな効果があるの?

太もも、背中、胸、二の腕、お尻をバンド1本で鍛えられます。脚や腕にバンドをつけて動かせば、バンドの力によって負荷が高まり、エクササイズの効果がアップ。

適度な幅でくるくると丸まりにくいのも特徴。元気の出るコーラルピンクで、気分を上げていきましょう!

How to use

脚や腕にバンドをつけて伸ばしたり縮めたりするだけ。バンドの位置と、手足の動かし方を変えることで、全身くまなく鍛えられる。

これ1本で全身使える!

ご使用上の注意

●汚れた場合、水で濡らした布で拭き取って陰干しをしてください。●使用後は汗等の水分を拭き取り、風通しの良い屋内で保管してください。●直射日光・高温多湿の場所は避けてください。●お子様の手の届かない場所に保管してください。●使用前にキズ、破損、劣化を確認してください。異常がある場合は使用しないでください。●ゴムアレルギーの方は使用しないでください。●本品をリハビリ用に使用する場合は、あらかじめ医師に相談してください。●体調が悪いとき、体に異常があるときは使用しないでください。●周囲の安全を確認した上で使用してください。●本品を使用する際は、指輪やネックレスなどのアクセサリーは外してください。●発汗後は大変すべりやすくなります。汗などをよく拭き取って使用してください。●本品を伸ばした状態で急に手や首を離さないでください。●強く引っ張らないでください。●尖ったもので傷つけないでください。●商品の表面が白くなる場合は、可塑剤の劣化の可能性があります。注意してください。●劣化・亀裂・傷などを確認した場合は、バンドが切れる恐れがあります。使用を中止してください。●火や熱源のそばに置かないでください。●本来の用途以外に使用しないでください。

【材質】天然ゴム【リサイクルマーク】外装:PP

DVDを見て一緒にやるだけ！

39
Seconds
月曜日
ノーマル
1 6 7 8 9 10
膝を外に開くようにパカパカしよう！

1日10分

45秒のトレーニング

＋

15秒の休憩

×

5種目2セット

※月曜日の「膝パカ」は寝た姿勢で行うため、やり方は本書やDVDの15秒休憩で確認してください。

曜日別の7メニュー

月曜日　膝パカ

膝下にバンドをつけて膝を開いたり閉じたり。内ももを集中的にエクササイズできます。

火曜日　背パカ

手首や肘につけたり、バンドを握ったりして腕を動かすと、背中に効く！

水曜日　胸パカ

肘にバンドをつけ、息を吐きながらバンドを引き伸ばすだけ。バストアップに期待大。

木曜日　肘パカ

腕でバンドを引っ張ることを繰り返して。二の腕がしんどいと思ったら効果アリ！

金曜日　ももパカ

太ももにバンドをつけて脚を開いて動かそう。1週間で一番キツい曜日で美尻に。

土曜日　立ち腹筋

みぞおちを丸めたり、カラダをひねったり！さまざまな方向から腹筋に刺激を入れます。

日曜日　立ち腹筋

土曜日よりもレベルアップ！上半身と下半身をより大きく動かすので、全身が引き締まる。

膝パカって なに？

「膝パカ」はどんなトレーニング？

仰向けになって脚を上げ、膝を曲げてパカッと開くのが「膝パカ」です。膝を曲げると、伸ばして行うよりも、前ももに力が入ってしまったり、腰を反ることが少なくなるのがメリット。その分、狙った内ももに刺激が入ってしっかり鍛えられます。

仰向けになれればどこで行ってもかまいません。床やベッドの上でもできるので、時間や場所を選ばず、とにかく続けて習慣にしてほしいものです。膝と股関節を90度にすることがポイントなので、絶対に忘れずに！

どんな効果がある？

お腹と同じくらい、女性が最も気になる部位が内もも。たるんでぷにぷにしたマシュマロ肉をピンポイントで効かせられるのが、この「膝パカ」です。

膝を開いたり、閉じたりする動きを大きくすることを意識してください。内ももに効いているのが実感できるはずです。

また、仰向けの姿勢で脚を動かすので、実は腹筋にも効きます。腰を反らないように意識できれば、内ももを狙いうちしつつ、お腹のトレーニングにもなる！ まさに一石二鳥のトレーニングです。

立ち腹筋

「立ち腹筋」はどんなトレーニング？

腹筋というと仰向けで行うと思いがちですが、「立ち腹筋」は文字通り、立ってできる腹筋。立つだけのスペースがあればでき、マットも不要なので、いつでもどこでも手軽に始められます。

仰向けの腹筋では、上半身を起こすときに腰や首が痛いと悩む人も多いのですが、立ち腹筋にその心配はありません。

みぞおちを丸めてカラダを前に倒したり、さらにカラダをひねったりするので、下腹、脇腹など全方位から鍛えられます。

「立ち腹筋」では、膝パカバンドは使いません。

どんな効果がある？

お腹の真ん中の筋肉、くびれを作るサイドの筋肉の両方に効き目があります。しかも動きが大きいので、全身運動にもなります。

平日に太もも、背中、胸、二の腕、お尻とエクササイズを行ってきましたが、週末2日セットの「立ち腹筋」で全身美ボディの総仕上げ。動きが少し複雑で難易度が上がりますが、ぜひ姿勢を意識してください。姿勢が崩れると、せっかくの効果が出づらくなります。カラダは大きく動かす、お腹に力を入れる、お尻をしっかり引くといった姿勢をキープしながらチャレンジしましょう。

ユウトレからみなさんへ

Message

足パカならぬ“膝パカ”の逆襲?!

「ユウトレさんの膝パカに出会えて良かった」

そのコメントをいただいたときが、YouTubeを続けていて良かったと思った瞬間でした。

脚ヤセしたいと思う人であれば、誰もが通る大人気エクササイズ「足パカ」。ですが、腰や膝が痛い、前ももがパンパンに張る、効いているかわからないなど、多くのお悩みが僕のもとに届きました。

共に仕事をしているディレクターと、連日「脚パカ」の研究をするなかで発見したのが「膝を曲げるとすべてが解決する」ということ。さらに、内ももにこれでもか！　というほど効くということ。“パカ”の真骨頂は「膝パカ」だと実感しました。

2021年3月に初めてYouTubeで出した膝パカ動画は多くの反響をいただき、再生数がグンと伸びたこともあり、今回は部位別パカシリーズを考案しました。1日10分間、楽しくパカパカしながら、一緒にDVDでエクササイズすることで全身がしっかり引き締められます！

さらに、ユウトレオリジナルの膝パカバンド付き！　つけたり外したりすることで、負荷は自由自在になります（もちろん外してもOK！）。

こういったバンドを10本以上持っている僕だからこそ、特に“硬さ”にこだわり、初心者が使いやすい絶妙なフィット感を追及しました。その日の体調や気分に合わせて、活用していただければと思います。

バンドのロゴは、砂時計をイメージしました。あなたに、砂時計のようなメリハリボディを手に入れてほしい、という願いが込められています。
話題の「膝パカ」と不動の人気を誇る「立ち腹筋」を合わせた自信作。なりたいカラダに近づく一歩は、この本からです！

マシュマロ太ももから攻めていく!

膝パカの月曜日

月曜日は、「内もも」のたるみ対策のエクササイズで膝を曲げてパカッと開く動作です。膝を伸ばす脚パカより初心者に特にオススメ! 確実に「内もも」にアプローチできるのです。たるんだ「マシュマロ内もも」にしっかり刺激を入れましょう。

膝パカ

01

ノーマル

内ももの全体にしっかり効く

Point

腰を反らずに床にしっかりつけて行うとお腹にも効く。

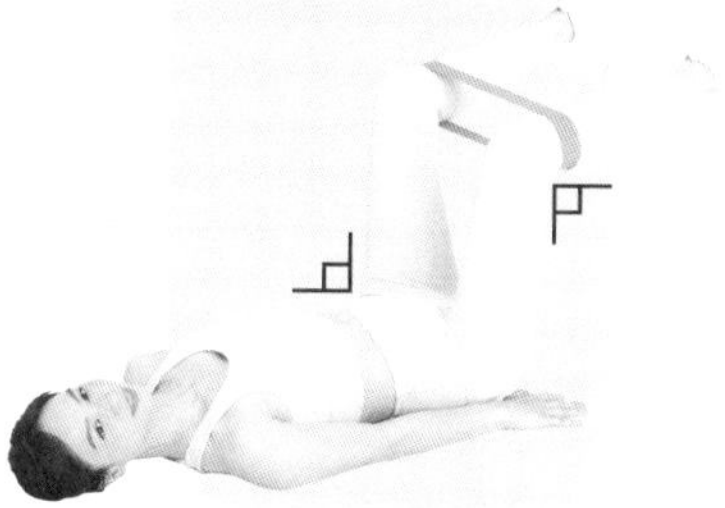

Step 1

仰向けになる。膝下にバンドをつけ、股関節と膝を90度に曲げて上げる。

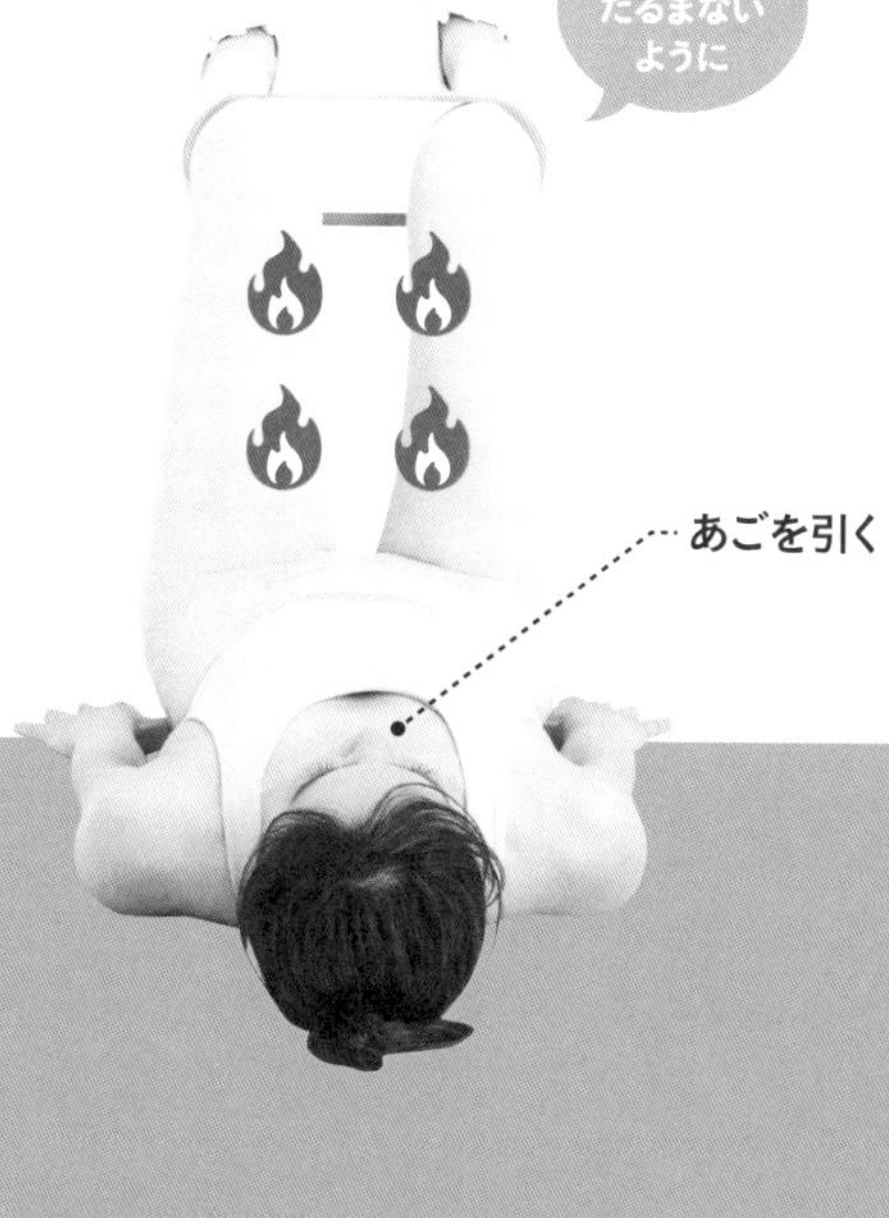
バンドはたるまないように
あごを引く

Step 2

両膝をできるだけ広く開く。開く、閉じるを繰り返す。

Bad……

膝が胸に近づいてしまうと内ももへの負荷が抜けてしまう。

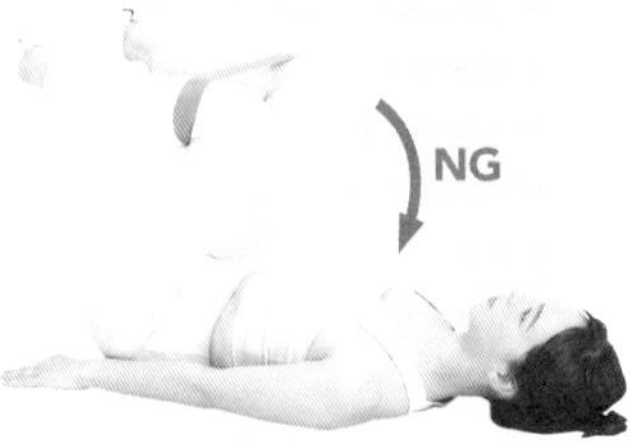

左右の脚をしっかり開く

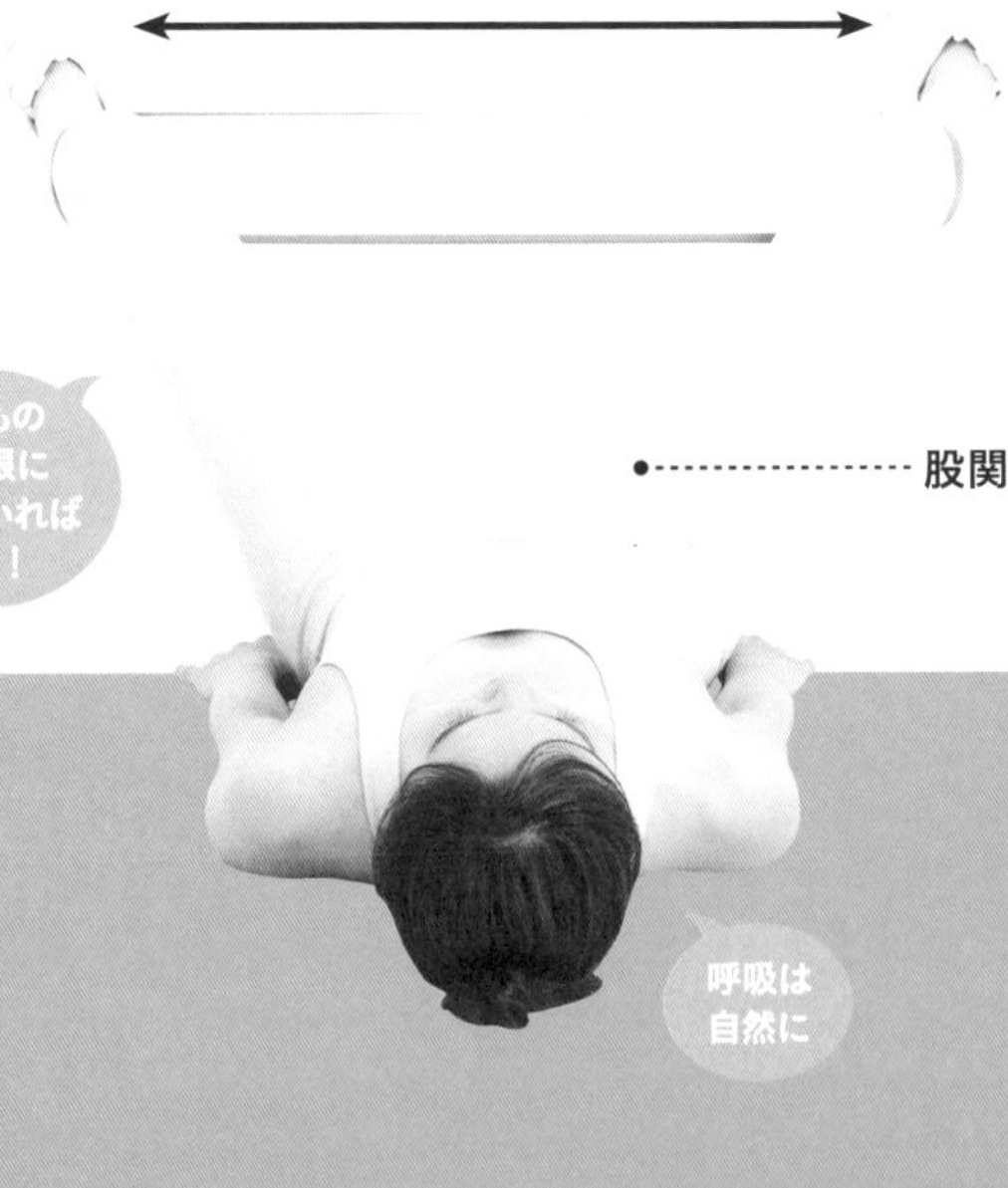

股関節から動かす

内ももの付け根に効いていればOK！

呼吸は自然に

膝パカ

02

ワンレッグ

内ももキュッ！ 膝上に変化

Point

股関節を意識して動かすことで、内ももの付け根に伸びる感覚があればOK。

Step 1

仰向けになる。
膝下にバンドをつけ、
股関節と膝を90度に曲げて上げる。

Step 2

左右交互に脚を真横に開く。

Bad……

脚を開いたとき、反対側の脚も倒れてしまうと効かせにくくなり、もったいない！

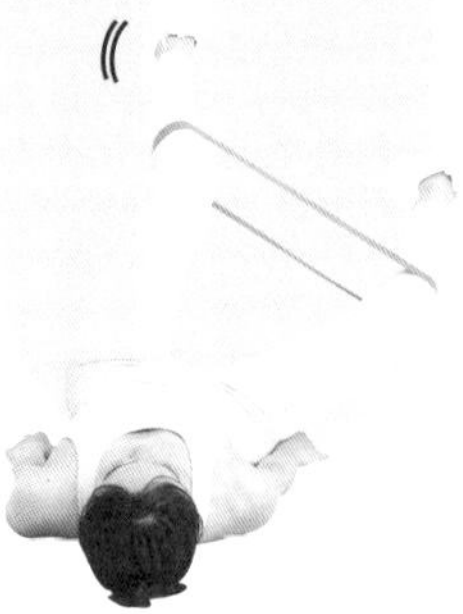

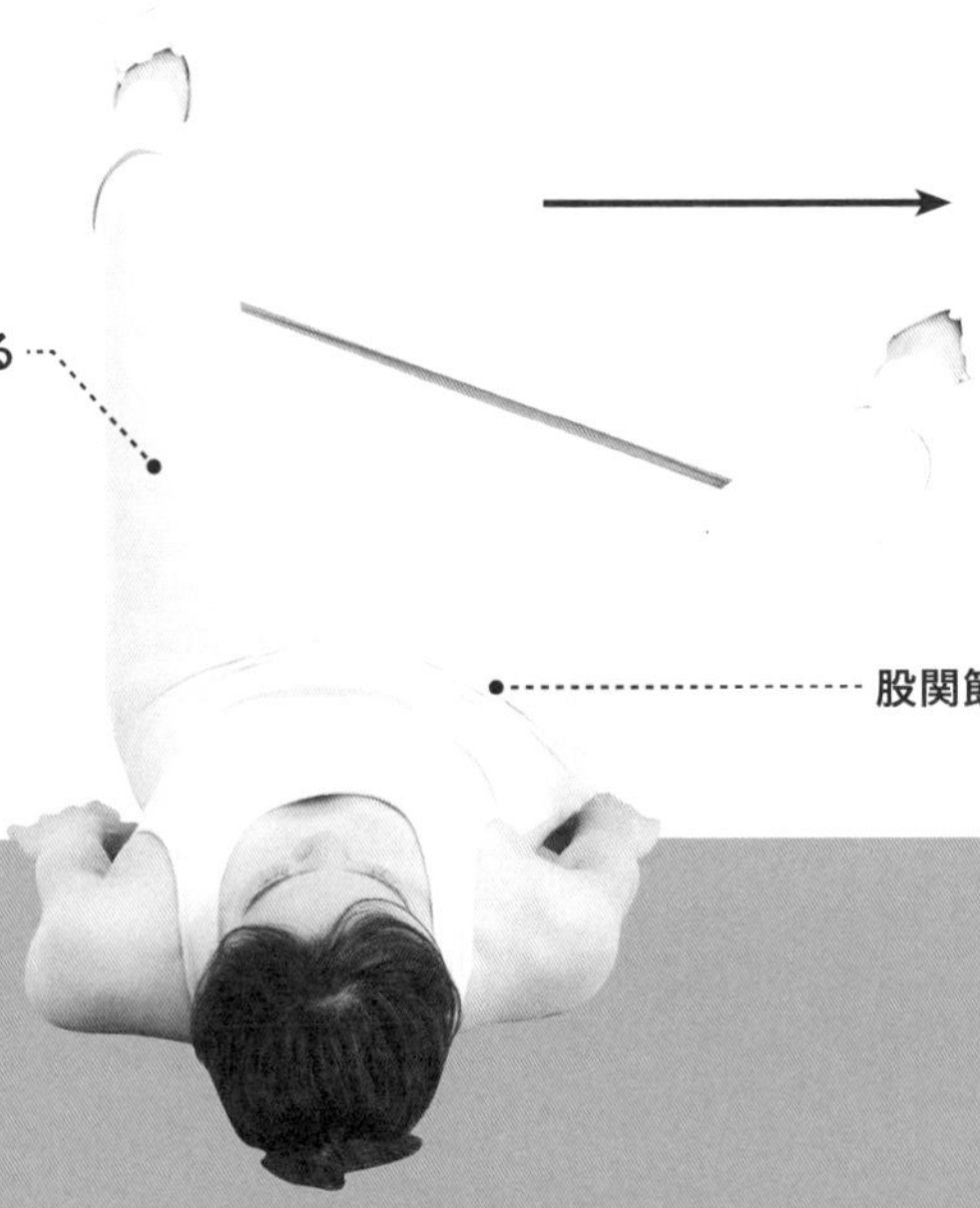
片足ずつだから
ノーマルより
さらに効く！
つま先は
リラックス
軸足で支える
股関節から動かす

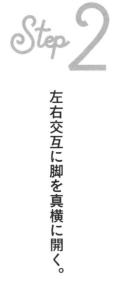

膝パカ

03

フロッグ

内ももの隙間作りに

Step 1

仰向けになる。
膝下にバンドをつけて膝を軽く曲げ、
脚を上げる。

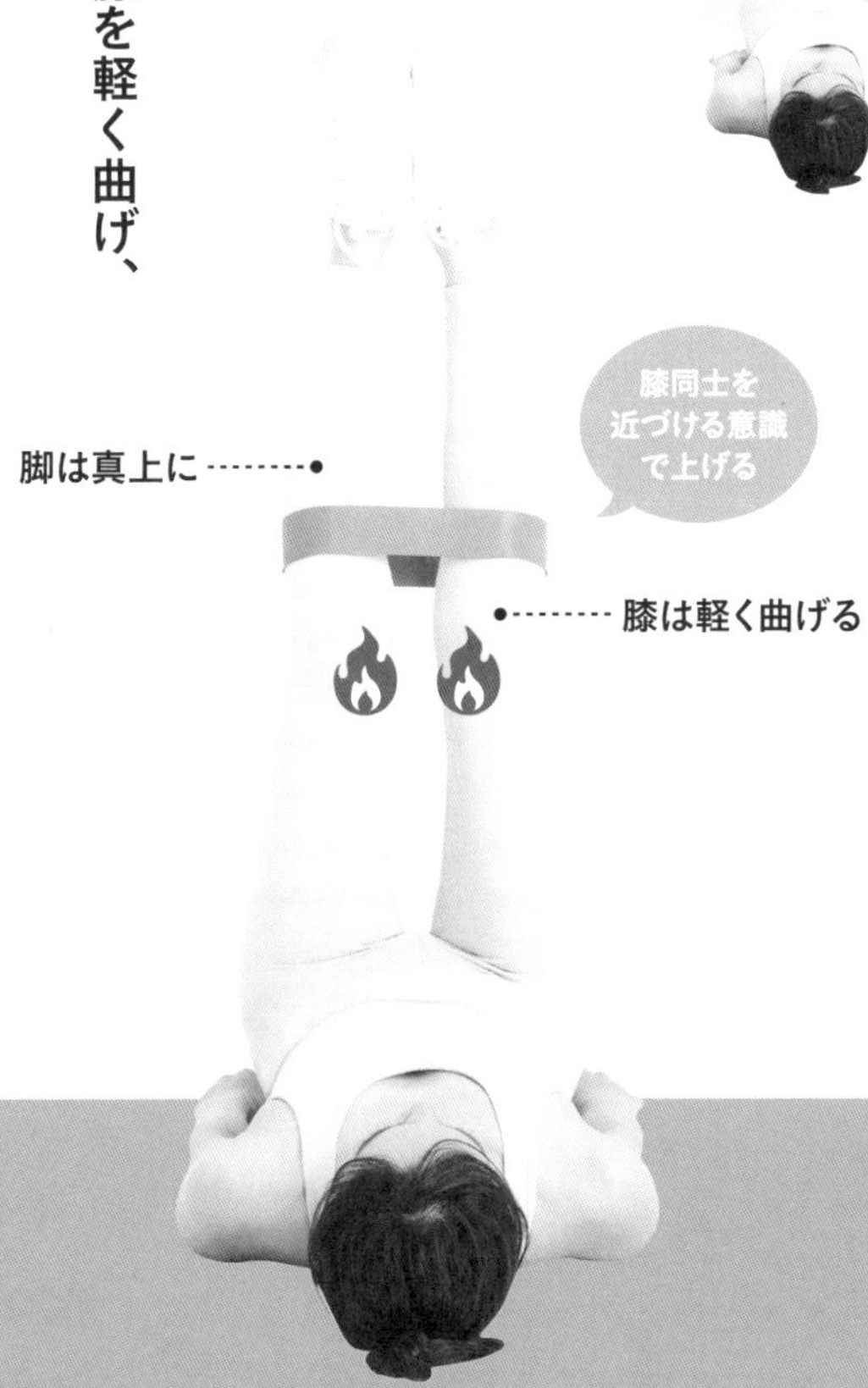
膝同士を
近づける意識
で上げる
脚は真上に
膝は軽く曲げる

Bad……

膝をできるだけ高く
上げようとして膝を
伸ばしきらないように。

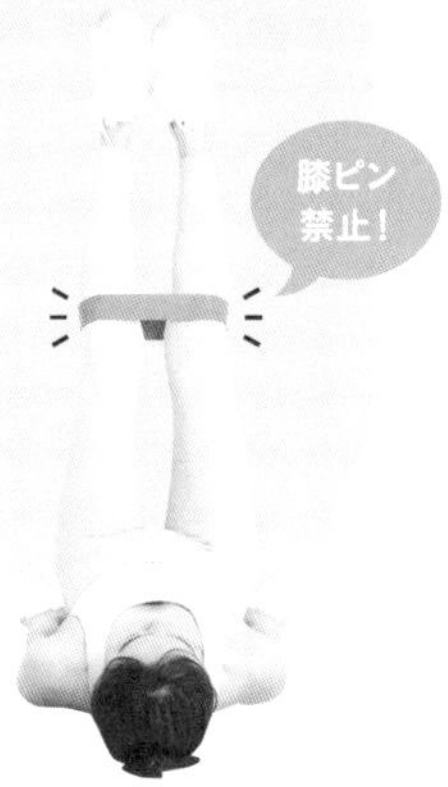
膝ピン
禁止！

Step 2

足裏をくっつけるようにして
膝を横に開いたら Step 1 に戻る。
これを繰り返す。

Point

膝を外に向けて開くと内ももにしっかり効き目アリ。

最大限に開こう
膝を胸に近づける

膝パカ

04

パーシャル

内ももに喝を入れて！

Point

股関節を使って小刻みに動かすことで、内ももの付け根への刺激がダイレクトに！

Step 1

仰向けになる。
膝下にバンドをつけ、
股関節と膝を90度に曲げて上げる。

Bad……

膝下や足首だけ動かすと、内ももにほぼ効かない。

Step 2

脚をできるだけ広げ、膝を小刻みに開く、閉じるを繰り返す。

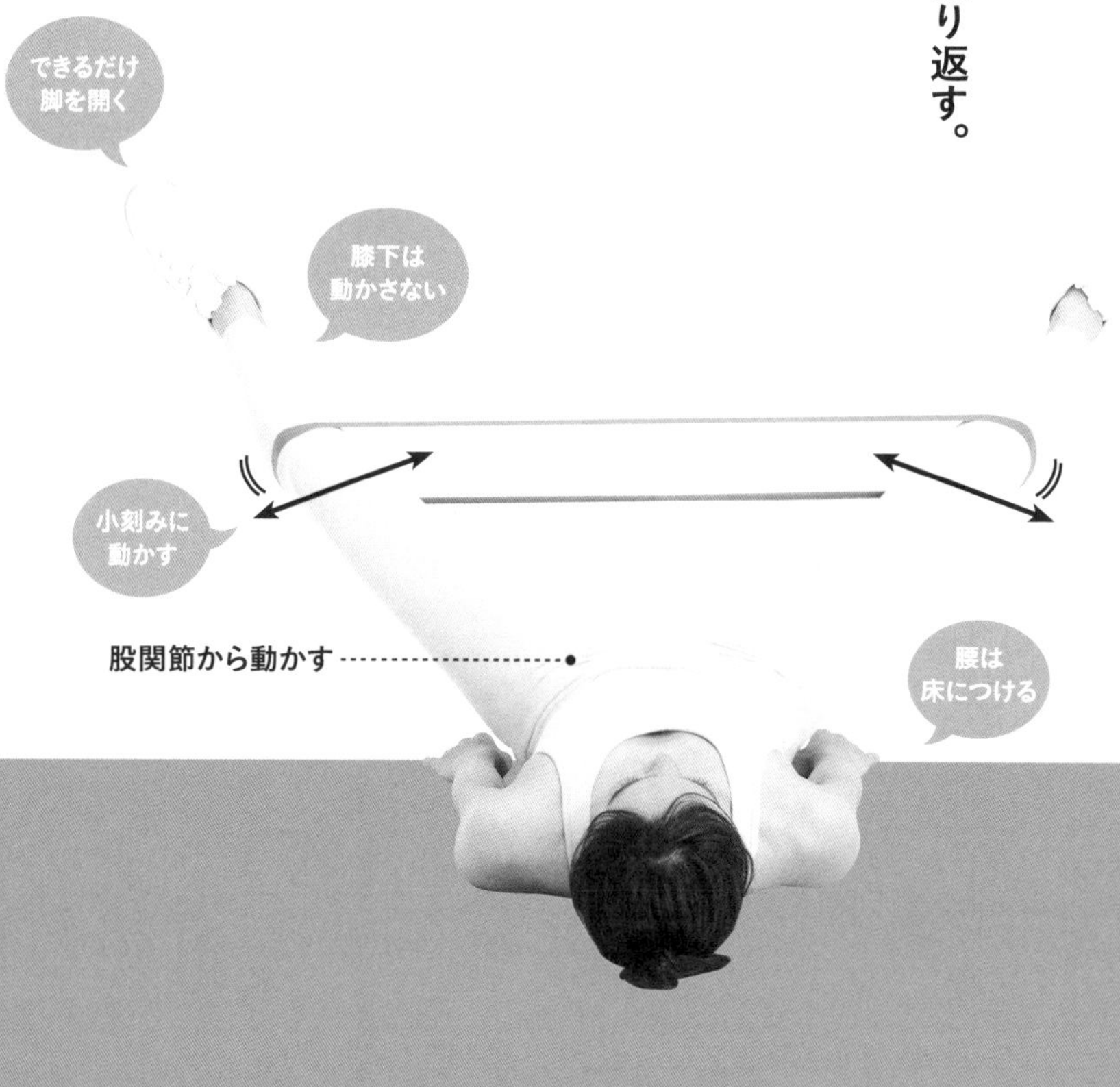
できるだけ
脚を開く
膝下は
動かさない
小刻みに
動かす
股関節から動かす
腰は
床につける

膝パカ

05

アップ

内もも、裏もも、お尻にまで効く

Point

足の位置はお尻から1〜1.5足分遠くにすることで、前ももの負担が減る。

Step 1

仰向けになる。
膝下にバンドをつけて膝を曲げる。
脚は肩幅くらいに開く。

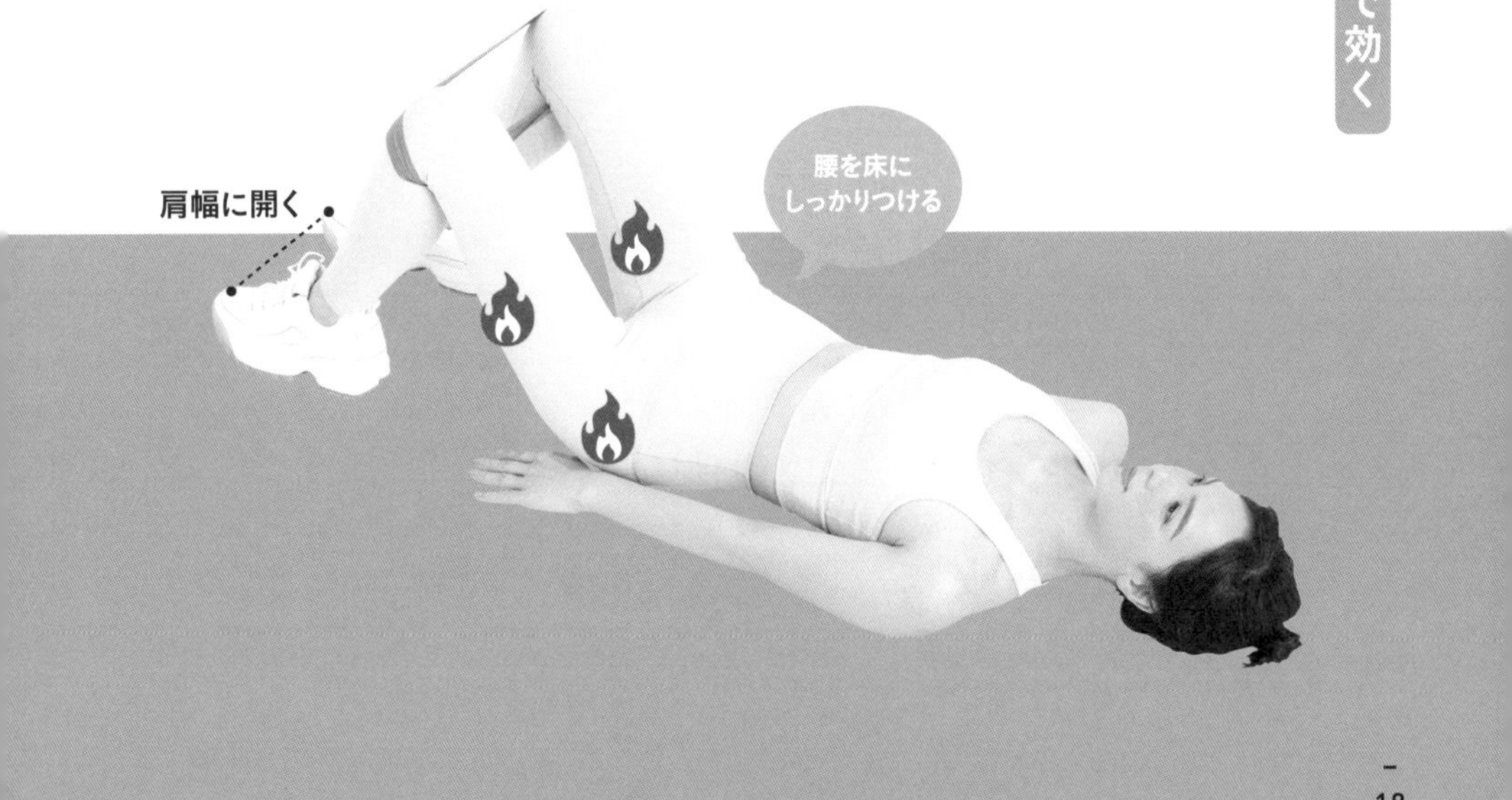
肩幅に開く
腰を床にしっかりつける

Step 2

お尻を持ち上げたまま、膝を開いたり閉じたりする。

Bad……

膝を広げるときに足裏が浮いてしまうと、内ももではなく、外ももに効いてしまうので注意！

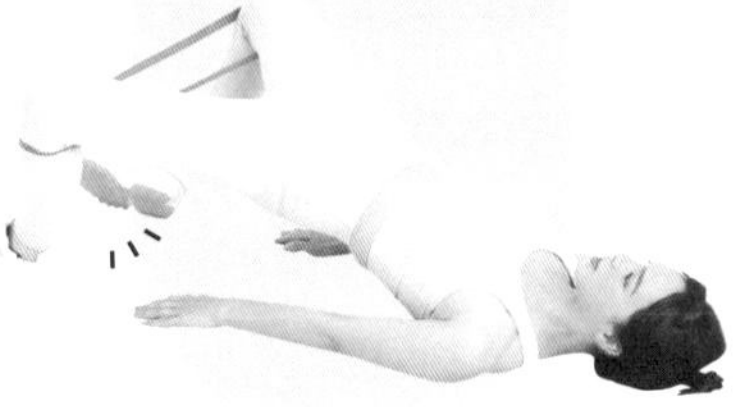

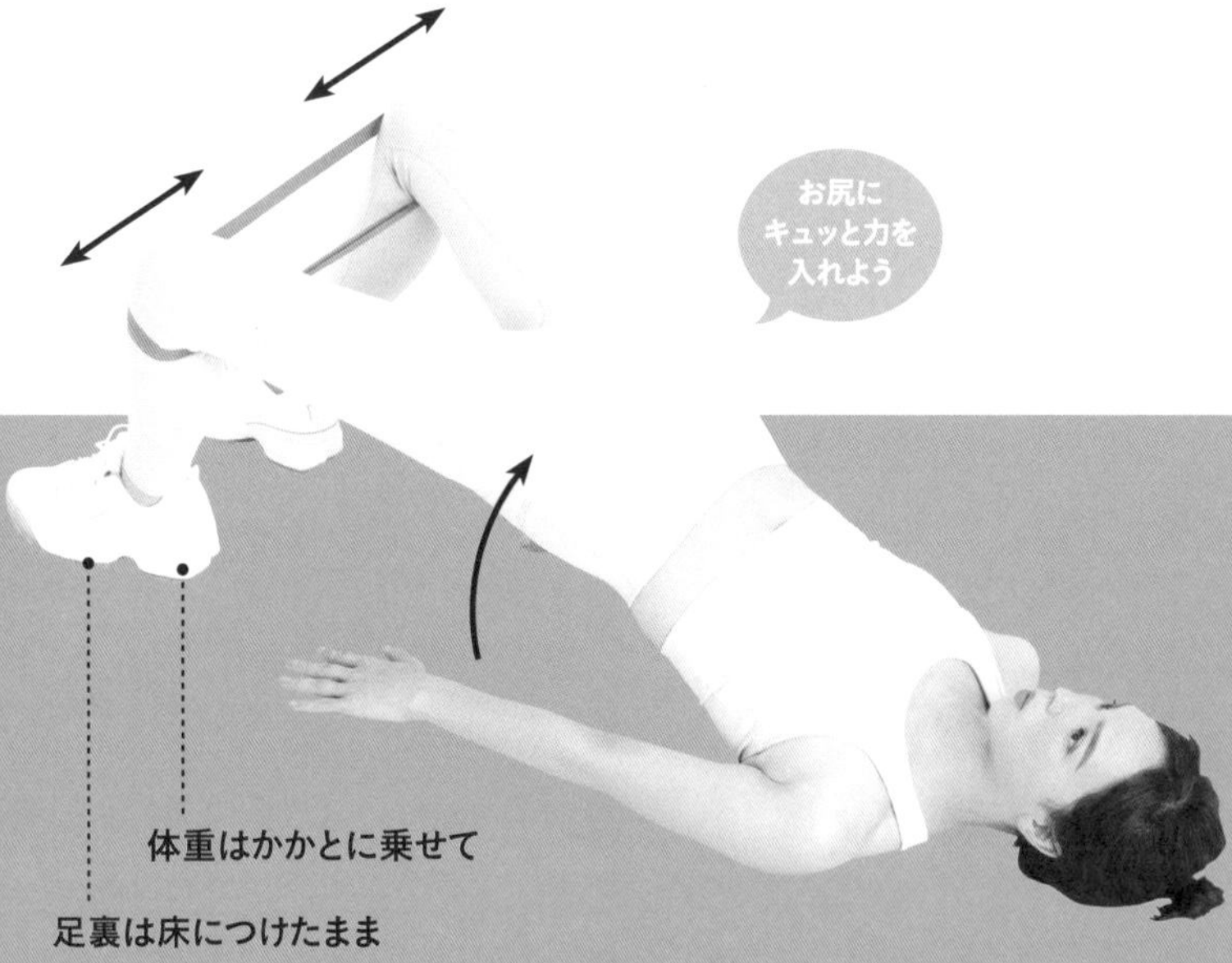
お尻にキュッと力を入れよう
体重はかかとに乗せて
足裏は床につけたまま

コレだけ！背パカのためのストレッチ

Step 1 うつ伏せになり、肘は肩の下につき、
手のひらは上に向けて上半身を起こす。
かかと同士をくっつける。

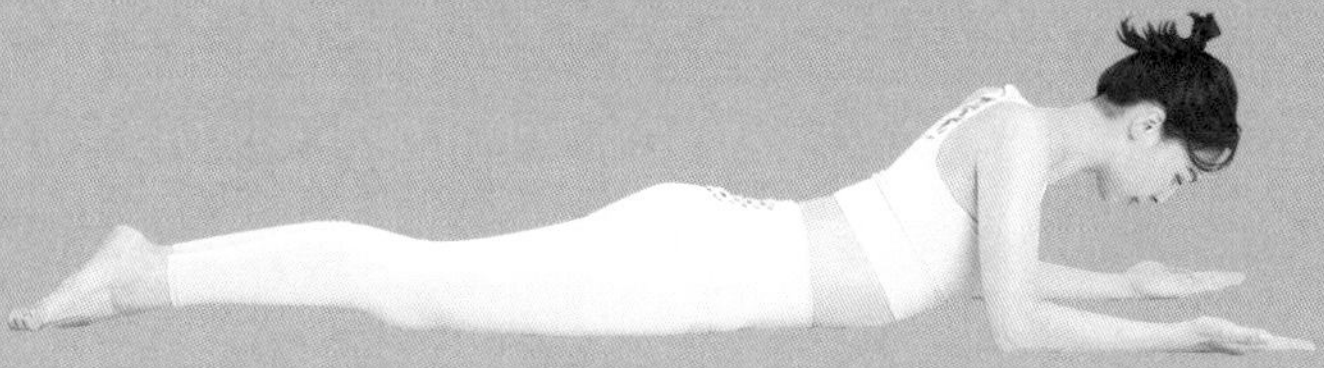

Step 2 肘で床を押さえ、背中の上半分を
反らす意識で上半身を起こす。

ガチガチ背中を緩めよう

火曜日の背パカは、背中をしっかり反らせることで効果を発揮するエクササイズ。ですが、腰を反るのはNGです。

このストレッチで上半身を反らす動きがマスターできると、上がりがちな肩甲骨が下がり、胸が張りやすくなります。猫背や巻き肩、ぽっこり肩対策にも。背中の筋肉をフル活用できるモードにカラダを切り替えられるようになります。

火曜日のエクササイズ前に取り入れて、背パカの効果を高めましょう。

誰もが振り返る美背中に！

背パカの火曜日

火曜日は「背中」のエクササイズ。ターゲットは、首から肩甲骨の内側にある筋肉「僧帽筋」と、上腕から背中の外側に広がる大きな筋肉「広背筋」の2つです。息をしっかり吸って胸を広げることで、背中の筋肉が動きやすく効率的に鍛えられます。

背パカ

01

オルタネイト

色っぽいキレイな背筋をゲット!

Step 1

Point

肩甲骨を寄せるのではなく、二の腕を背中に近づけることで背中のハミ肉がスッキリ!

脚は腰幅に開く。
親指と人差し指の間にバンドをかける。
上半身を前に傾け、腕を耳の横まで上げて、お尻は後ろに引く。

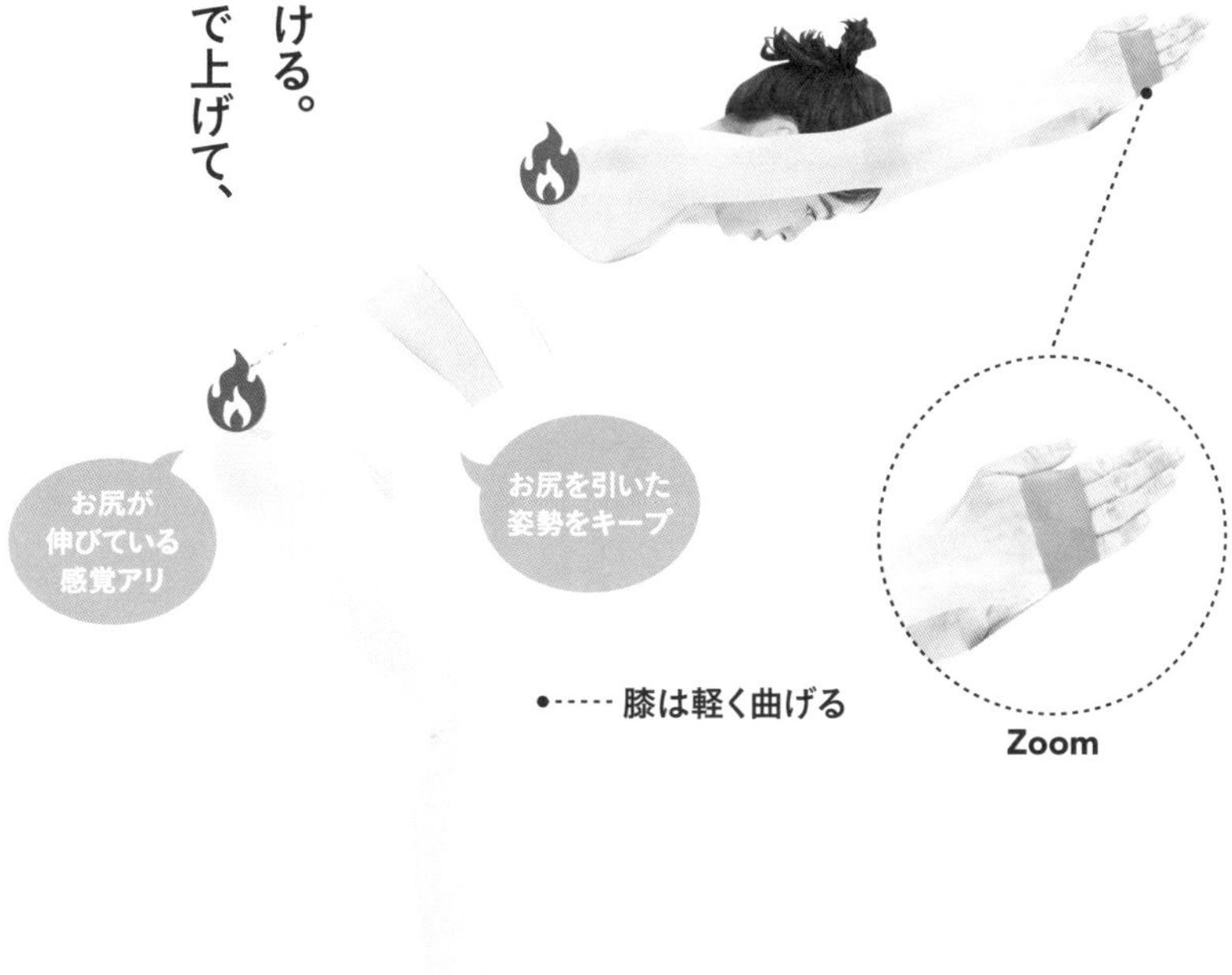
お尻が伸びている感覚アリ
お尻を引いた姿勢をキープ
膝は軽く曲げる
Zoom
腰幅に開く

Step 2

息を吸いながら右肘を引き、
息を吐きながら Step 1 に戻る。
左右交互に行う。

Bad……

肘を後ろではなく、背中より高い位置まで上げると効き目はダウン。

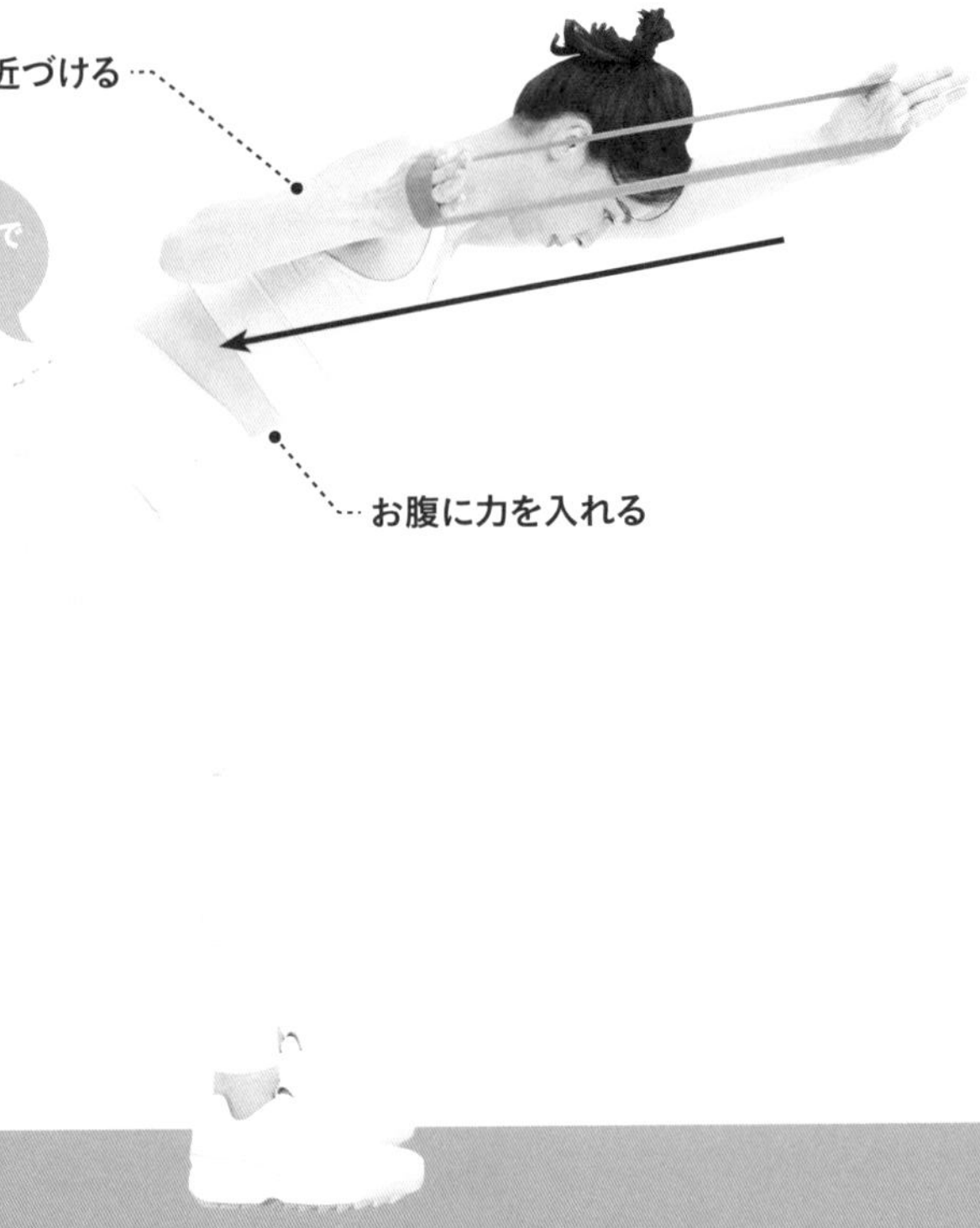
二の腕を脇腹に近づける
腰から頭まで一直線！
お腹に力を入れる

背パカ

02

バンザイ

背中見せファッションに自信が持てる

Step 1

脚は腰幅に開く。
親指と人差し指の間にバンドをかける。
上半身を前に傾け、腕を耳の横まで上げて、
お尻は後ろに引く。

Point

腕の幅をキープして、胸を張りながら上げ下げする。

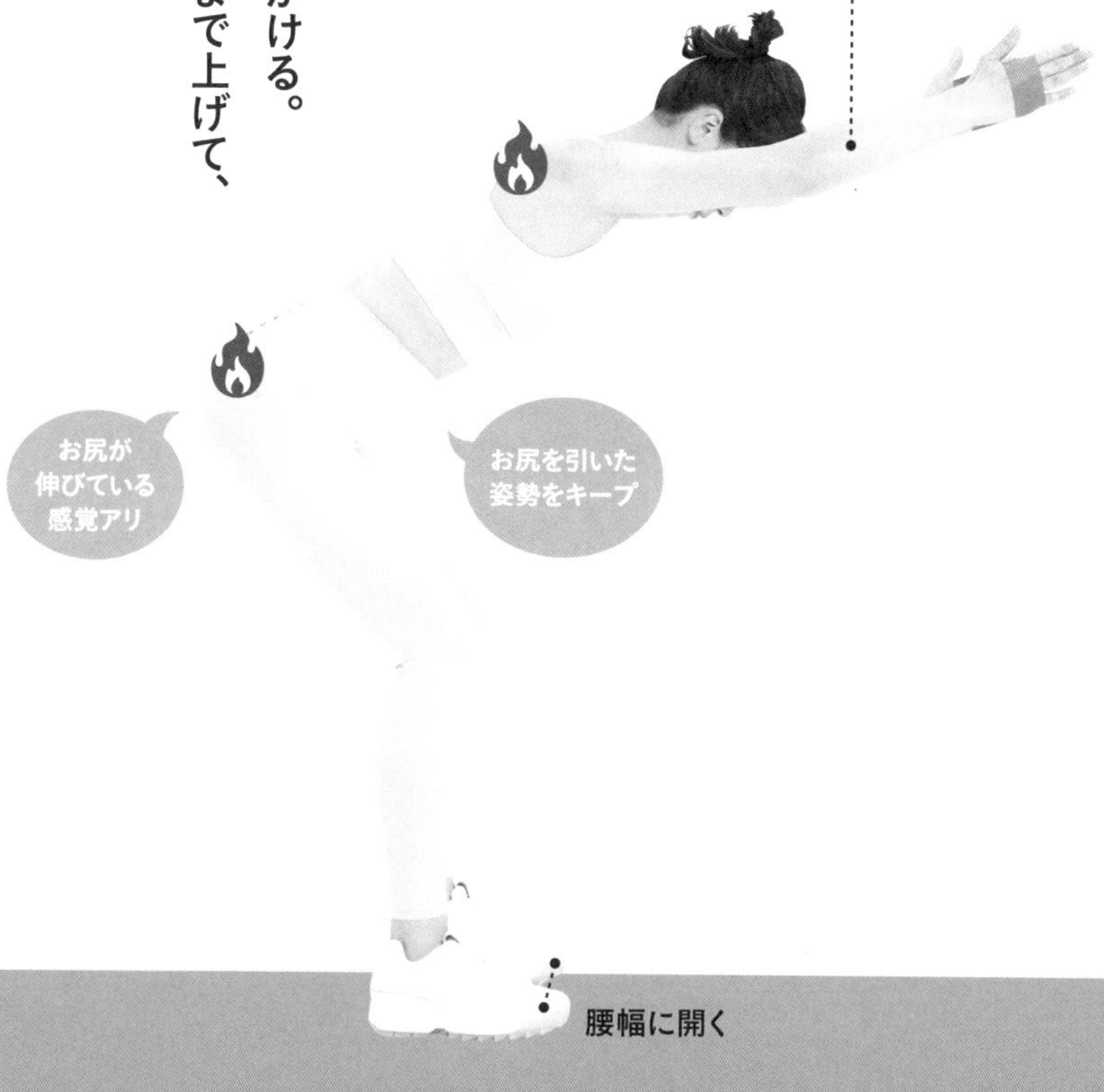
腕は耳横まで上げる
お尻が伸びている感覚アリ
お尻を引いた姿勢をキープ
腰幅に開く

Step 2

息を吸いながら腕を膝の前まで下ろし、
息を吐きながら Step 1 に戻る。
これを繰り返す。

Bad……

肩がすくんだり、首が腕より落ちないように。

ゆっくり
下げる
バンドは
張ったまま

背パカ

03

ワンハンド右バージョン

脇のプニ肉を退治

Step 1

右脚を一歩前に出し、
足裏にバンドをかけて、
反対を右手で握る。

Point

手の甲を外に向け、
腰に向かって肘を引
くと、脇腹にも効く。

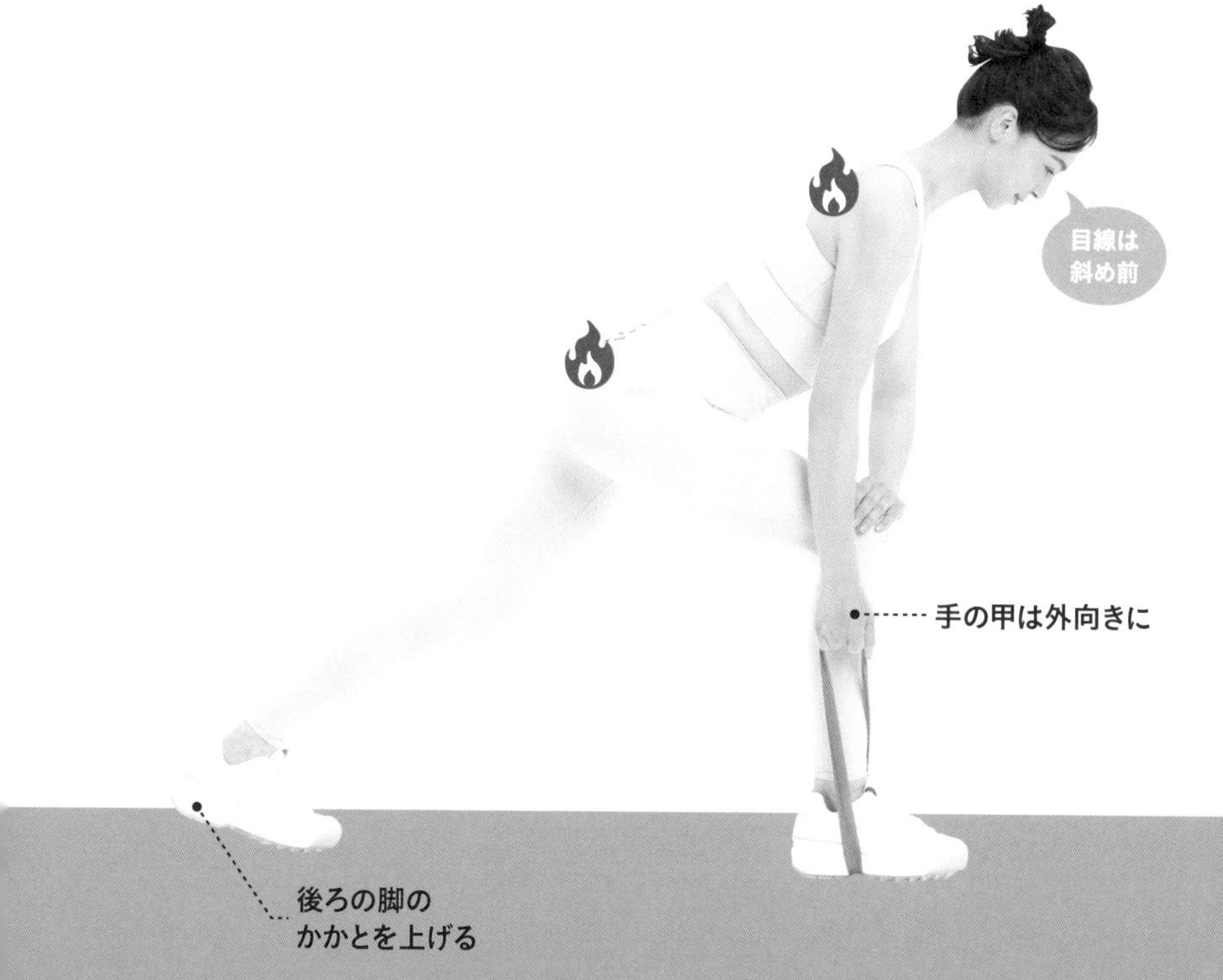
目線は
斜め前
手の甲は外向きに
後ろの脚の
かかとを上げる

Step 2

息を吸いながら右肘を腰に向かって引き、吐きながら戻す。これを繰り返す。

Bad……

バンドを真上に引いて肩をすくめてしまうとガッチリ肩になる危険が！

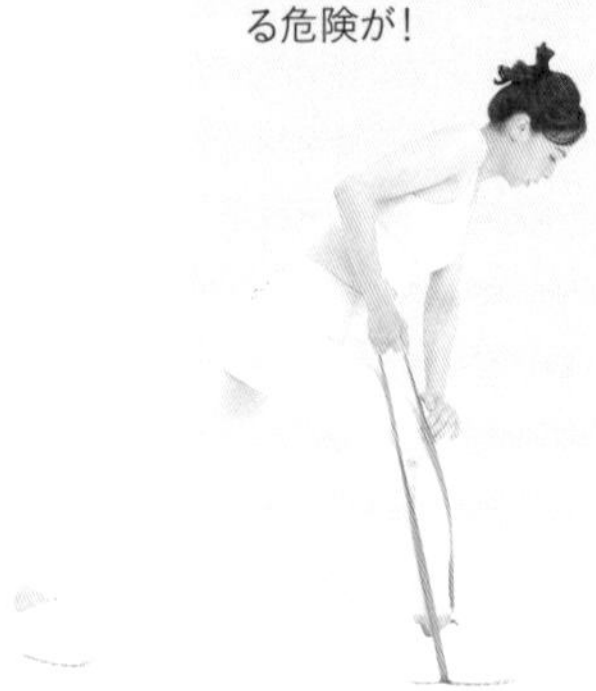

脇をなるべく締める
胸を開く

背パカ

04

ワンハンド左バージョン

一点集中！

Step 1

左脚を一歩前に出し、足裏にバンドをかけて、反対を左手で握る。

Point

前の脚に体重を乗せるとお尻にも効く。裏ももとの境目もくっきり！

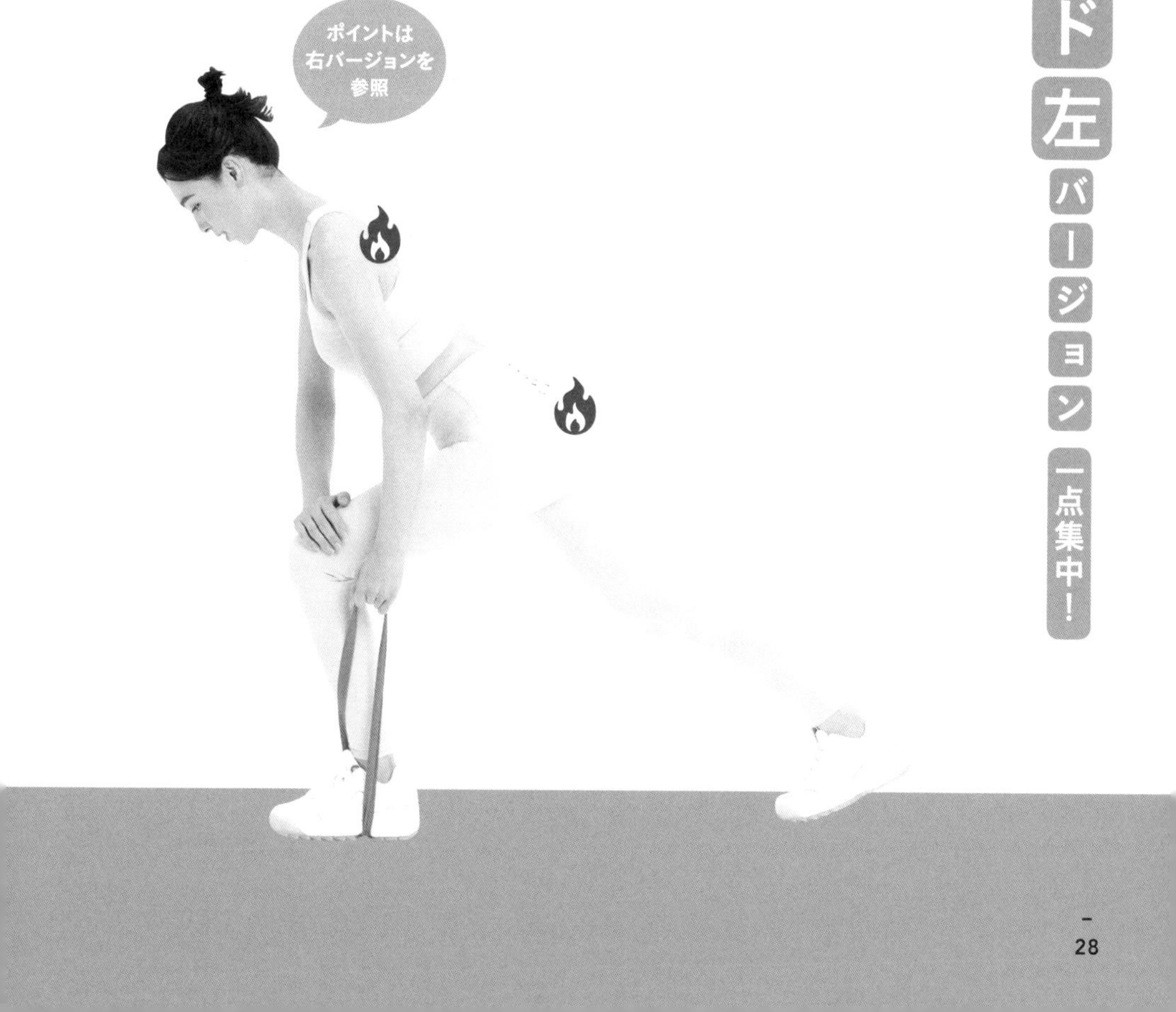
ポイントは右バージョンを参照

Step 2

息を吸いながら左肘を腰に向かって引き、
吐きながら戻す。これを繰り返す。

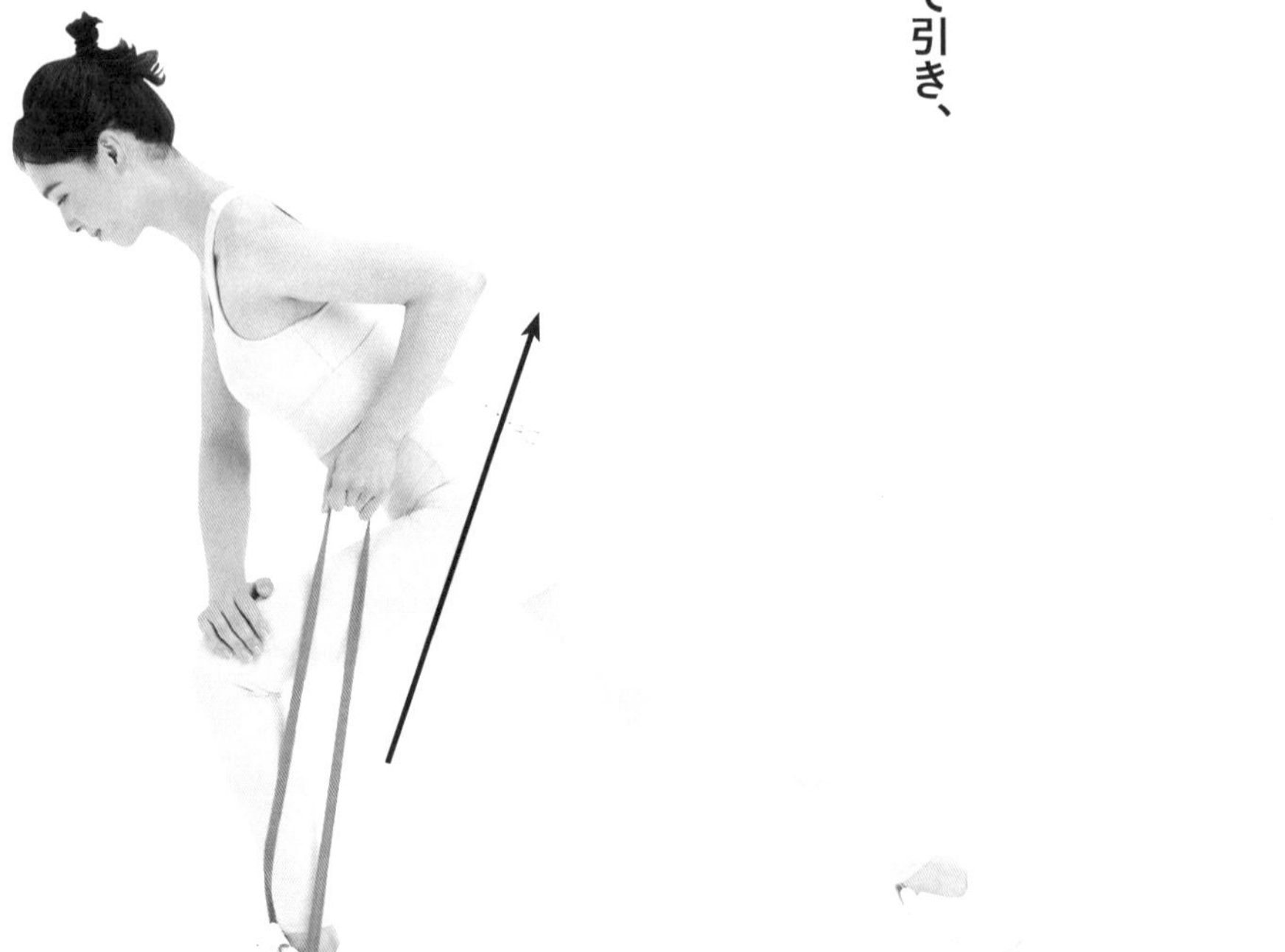

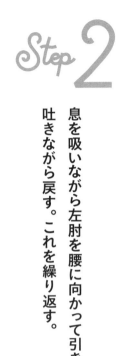

背パカ

05

オープン

美姿勢のクセがついてスタイルアップ

Step 1

脚は腰幅に開く。
肘の下にバンドをつけて90度に曲げ、
なるべく肩の高さまで上げる。

手のひらは常に向かい合わせ
肘は90度
腕はなるべく肩の高さ
腰幅に開く

Point

胸を開くときは肘の角度を変えずに斜めに下げると背すじがピンと伸びる。

Step 2

息を吸いながら肘を横に広げ、吐きながら戻す。これを繰り返す。

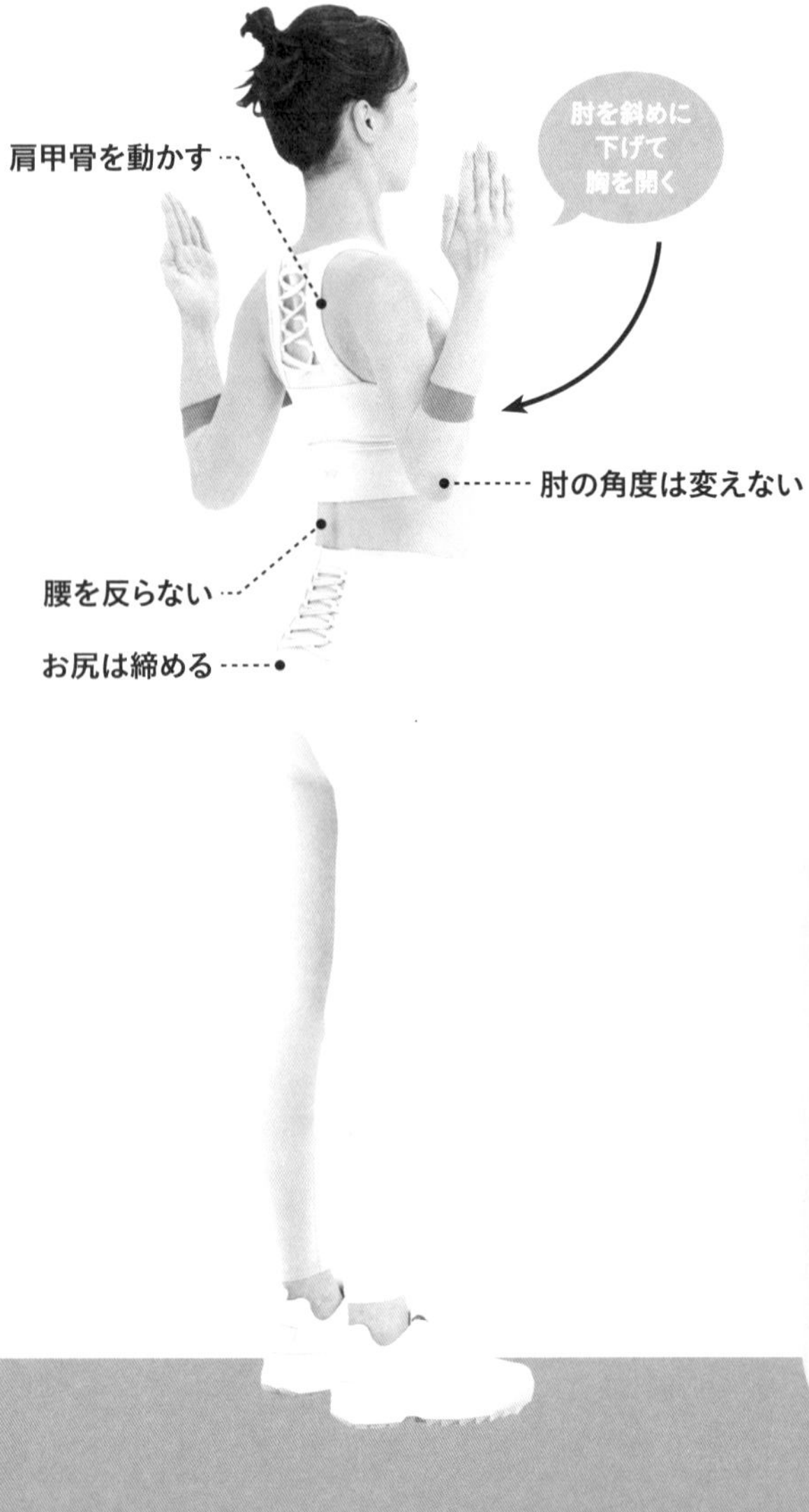
肩甲骨を動かす
肘を斜めに
下げて
胸を開く
肘の角度は変えない
腰を反らない
お尻は締める

Bad……

腰を反ってしまうと、背中の筋肉を使えず、腰を痛める原因にもなる。

コレだけ！胸パカのためのストレッチ

Step 1 左肩を下にして横になり、左腕は前に伸ばす。
右手は耳の横に添え、顔を下に向ける。

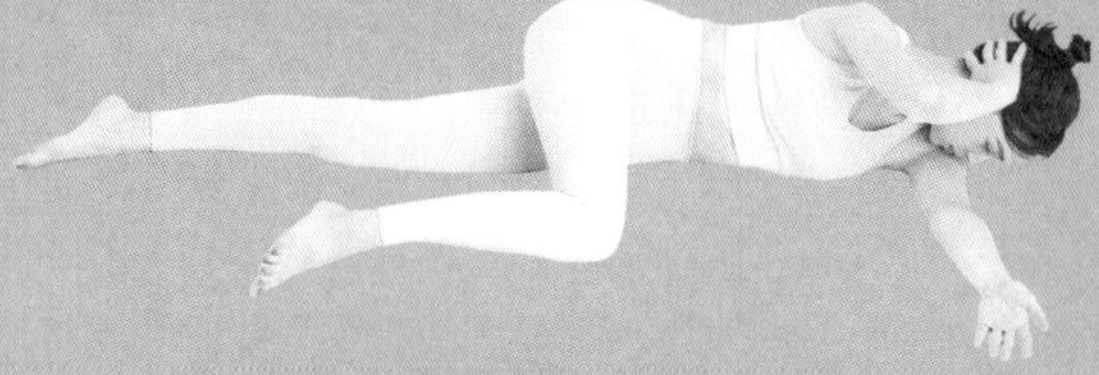

Step 2 胸を開きながら、骨盤の向きを変えず、
右肘から肘を開く。
この開閉を10回繰り返す。

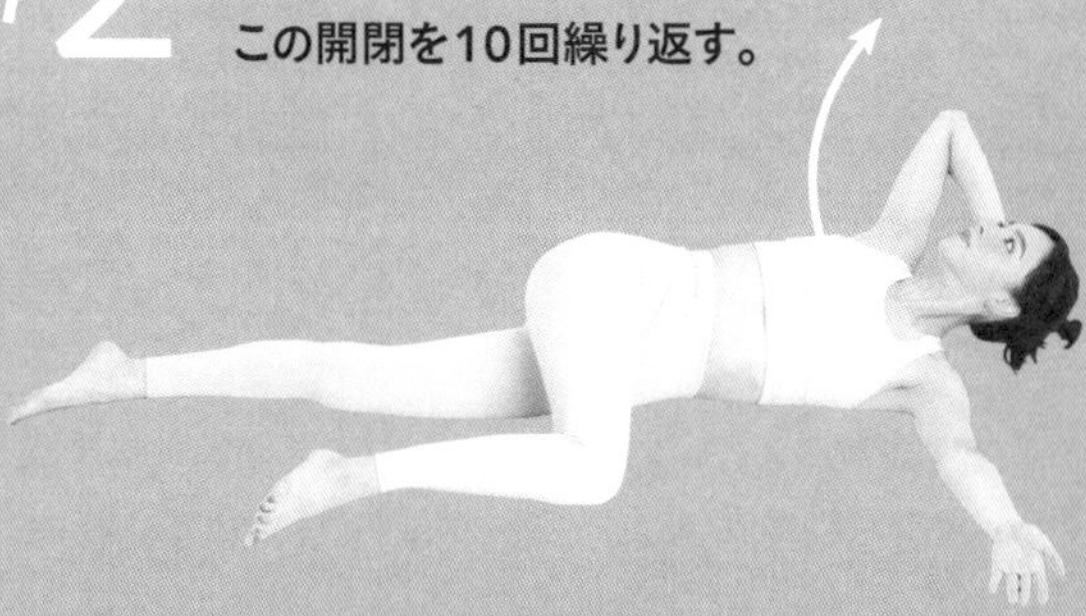

上半身ほぐしでコリをリセットする

水曜日の胸パカに向けて、胸の筋肉の働きを高めるストレッチをしましょう。姿勢が悪いと、胸の筋肉も硬くなりがち。そして、胸の筋肉を使うためには、「胸を張る姿勢」が重要になり、背中の筋肉もほぐしておく必要があります。今回はひとつのストレッチで、胸と背中の両方がほぐされ、デコルテラインがキレイに整ったり、バストアップの効果を期待できたりといいことづくめです。

肘を開くときは胸の筋肉が伸びているのを感じましょう。肘だけ動かさず、背中をしっかりひねる動きであることも意識してください。長時間のデスクワークや立ち仕事の後に行うと、上半身がグーッと伸びて気持ちいいストレッチです。

グッバイ! デコルテ貧相&内巻き肩

胸パカの水曜日

水曜日は「胸」まわりに刺激を入れるエクササイズです。どの種目も、二の腕を胸に近づける動きばかり。実はこの動きが、美デコルテになる秘訣です。胸の筋肉にしっかり効かせて、最大限の効果を生みます。

胸パカ

01

フロント

襟元が開いたトップスが似合うデコルテに

Step 1

脚は肩幅に開く。
肘の上にバンドをつけ、
手のひらを下に右手を上にして肘を曲げ、
床と平行になるように上げる。

目線はまっすぐ
肩の高さまで
腕を上げる
あごを引く
肩幅に開く

Point

胸を張ってあごを引くことが美バストへの近道！

Step 2

息を吸いながら肘を外に開き、吐きながら戻す。2回行ったら左右の腕を入れ替える。

腕は肩の高さのまま
バンドの張りを感じて
胸を張る

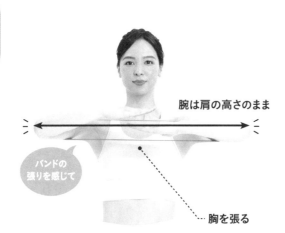

Bad……

肩がすくまないように。肩まわりがゴツく見える筋トレにしない！

胸パカ

02

プレス右バージョン

バストラインを際立たせよう！

Step 1

脚は肩幅に開く。
右肩にバンドをかけて左手で固定する。
右手でバンドの下を握る。

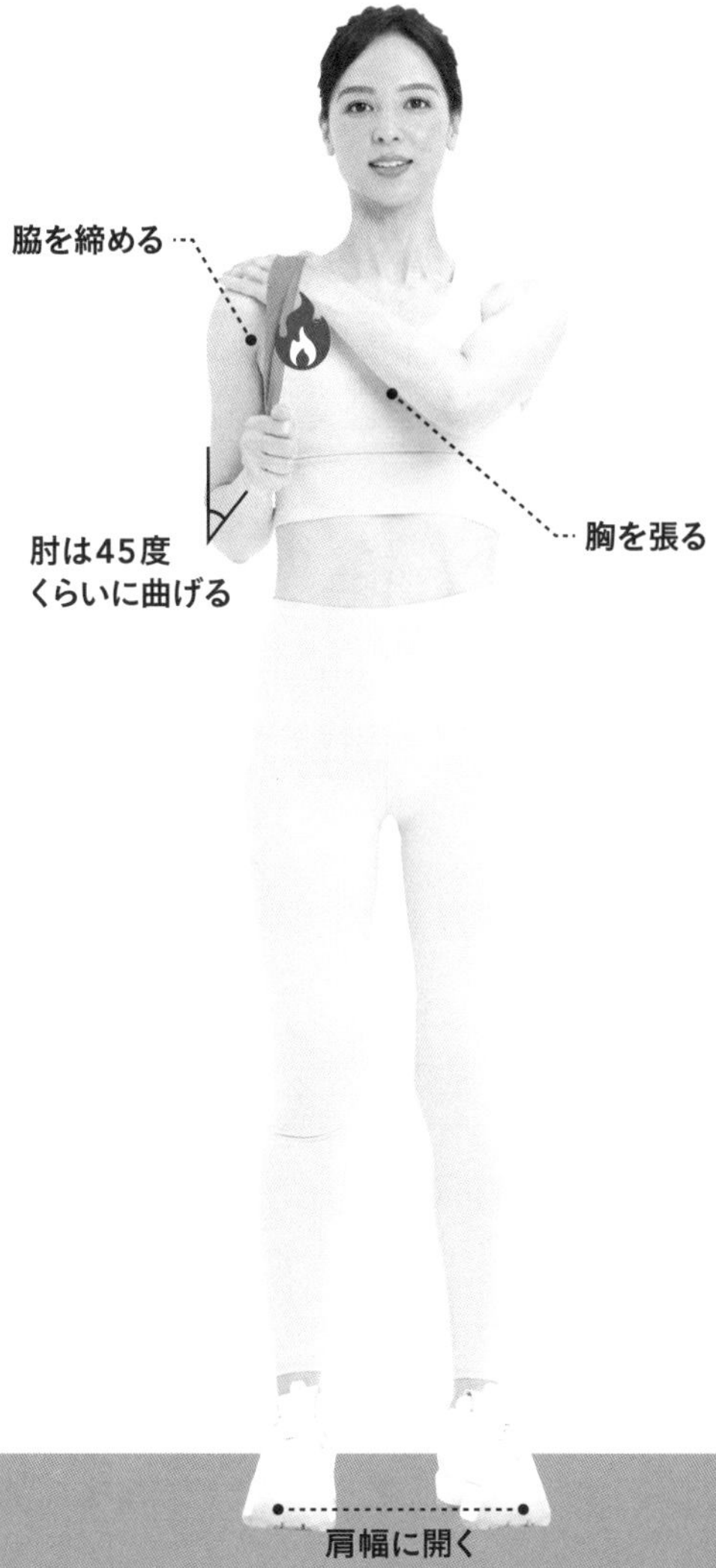

脇を締める
胸を張る
肘は45度
くらいに曲げる
肩幅に開く

Point

親指と、そのほかの4本の指でバンドを挟んでズレないようにする。

Step 2

息を吐きながら
右肘をカラダの中心に向かって伸ばし、
吸いながら戻す。これを繰り返す。

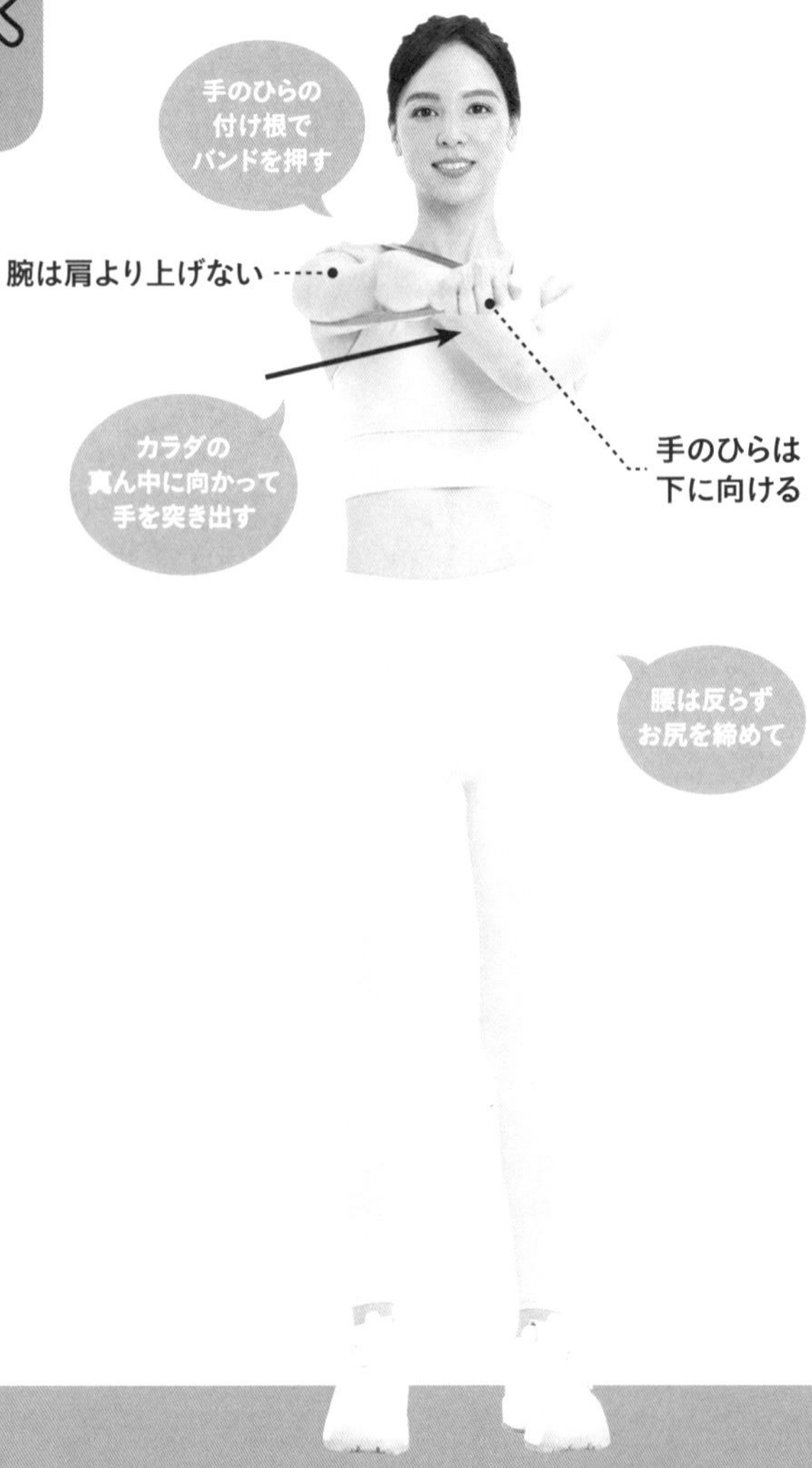
手のひらの
付け根で
バンドを押す
腕は肩より上げない
カラダの
真ん中に向かって
手を突き出す
手のひらは
下に向ける
腰は反らず
お尻を締めて

Bad……

肘を伸ばすとき、腕が肩より低くなったり、まっすぐ前へ伸ばさないように。

胸パカ

03

プレス左バージョン

つんと上向きのバストをつくる

Step 1

脚は肩幅に開く。
左肩にバンドをかけて右手で固定する。
左手でバンドの下を握る。

ポイントは
右バージョンを
参照
肩幅に開く

Point

親指と、そのほかの4本の指でバンドを挟んでズレないようにする。

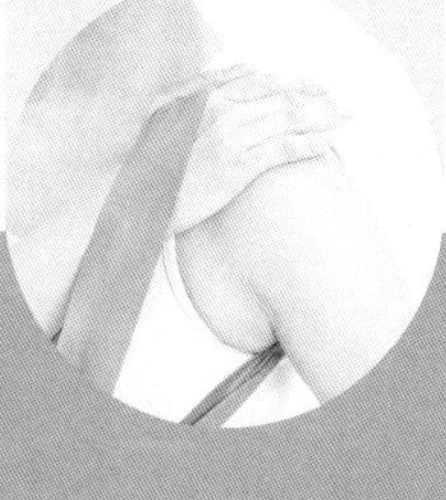

Step 2

息を吐きながら
左肘をカラダの中心に向かって伸ばし、
吸いながら戻す。これを繰り返す。

Bad……

肘を曲げたときに
肩がすくんだり、脇
が開いたりするのは
NG。

胸パカ

04

サークル

バストと二の腕、両方鍛えられる！

Step 1

脚は肩幅に開く。
人差し指と親指でバンドを挟み、
腕を前に伸ばす。

Point

親指とそれ以外の
4本の指でバンドを
挟む。

Step 2

息を吐きながら半円を描くように腕をクロスし、吸いながら戻す。腕を上下入れ替えながら繰り返す。

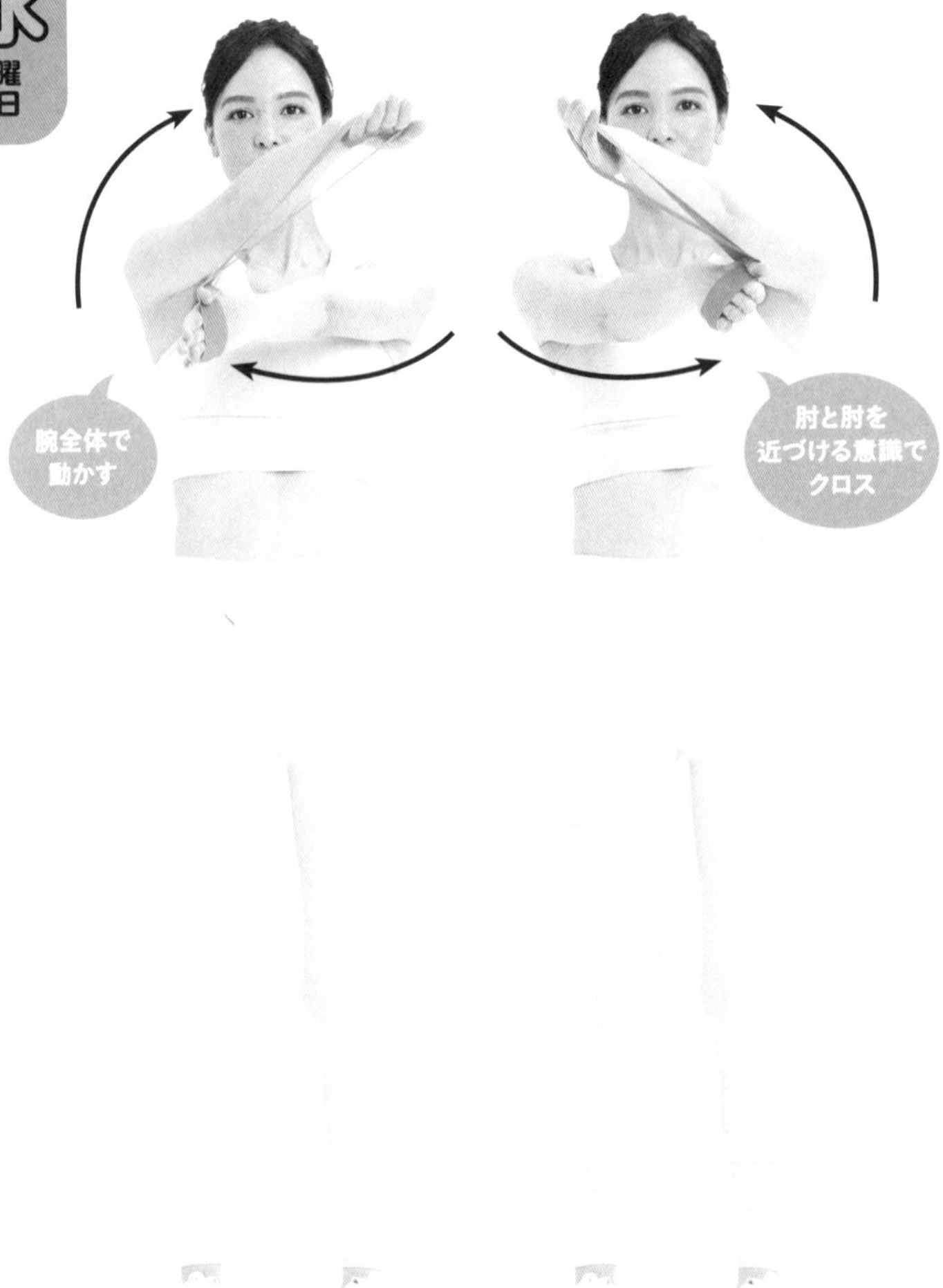
腕全体で動かす
肘と肘を近づける意識でクロス

Bad……

腕が肩より下がったり、手首だけをクロスさせない。

胸パカ

05

バタフライ

地味にツラいけど、ダメ押しの胸パカ！

Step 1

脚は肩幅に開く。
肘の下にバンドをつけたら90度に曲げ、
肘を肩の高さまで上げる。

肘は90度
胸の高さまで
腕を上げる
バンドが
たるまない
ように
肩幅に開く

Point

胸にしっかり効かせるために、肩甲骨はなるべく動かさない。

Step 2

息を吸いながら胸を開き、吐きながら戻す。これを繰り返す。

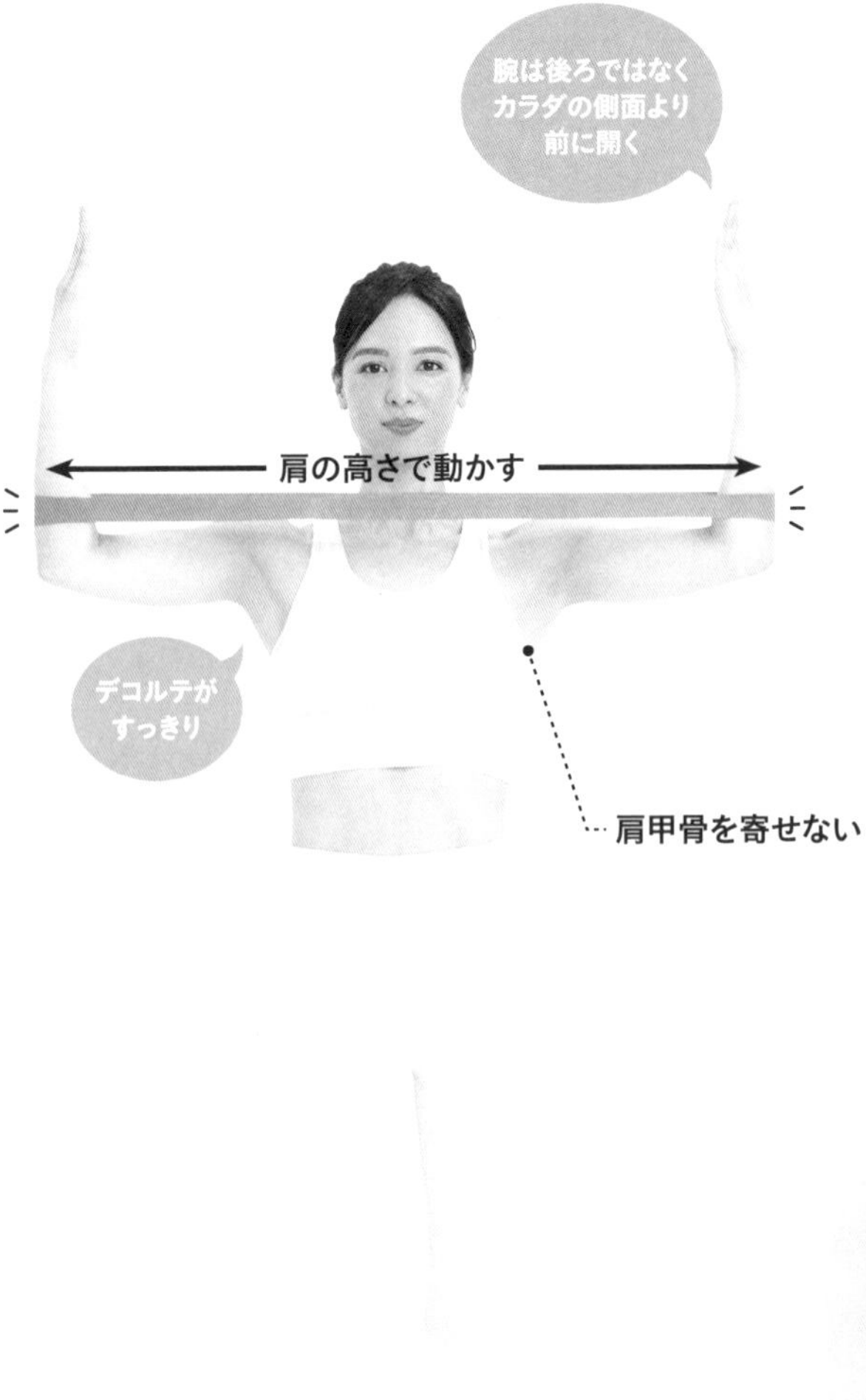
腕は後ろではなく
カラダの側面より
前に開く
肩の高さで動かす
デコルテが
すっきり
肩甲骨を寄せない

Bad……

腕を閉じるとき、脱
前かがみになって姿
勢が崩れないように。

Question & Answer

エクササイズは朝と夜、どちらがいいの？

どちらでも効果があります

朝、夜どちらでもOK。とにかく継続は力なりで、続けることが何より大切です。朝は目が覚めるし、夜はカラダが動きやすいのでどちらもメリットがあります。今の生活リズムの中で1日10分、どこで時間を確保できるのか考えてみましょう。朝起きたとき、お風呂の前、テレビを見る前などをエクササイズの時間を決めると習慣にしやすいです。

ただし、空腹時と食後2時間は避けましょう。空腹時はエネルギー不足なので、筋肉を分解してしまいます。食後は、消化不良や胃もたれなどで気分が悪くなる原因になることもあるので気をつけましょう。

バンドは使わなくてもいい？

キツイ時は使わなくてもOKです

バンドを使うメリットは負荷を大きくできることです。その分キツイですが、効き目もあります。バンドを使うことで負荷が大きすぎてフォームが崩れてしまう場合は、バンドなしでもOK。

1セット目にバンドを使って追い込みます。途中キツイ種目はバンドを外しても構いません。2セット目がキツイ場合もバンドなしで問題ありません。ただし、バンドがないと動作が早くなりがちです。そうなると負荷が抜けやすく、勢いで動かしてしまって正しく効きません。フォームを意識して、ゆっくりエクササイズをしてください。

上半身やせのカギ……実は“肘”‼

肘パカの木曜日

たるみがちな「ふりそで肉」や肩から肘にかけてのラインをスッキリさせるのが木曜日のエクササイズです。バンドを引くときに息を吐きながらゆっくりと動くことで二の腕に効き、そのキツさがクセになってきます。

肘パカ

01

ネック

細腕を際立たせると着やせ効果アップ

Step 1

脚は腰幅に開く。
首にバンドをかけ、
反対を両手で握って胸の前に置く。

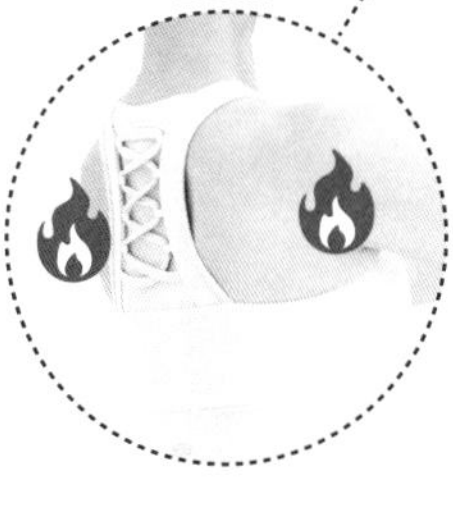

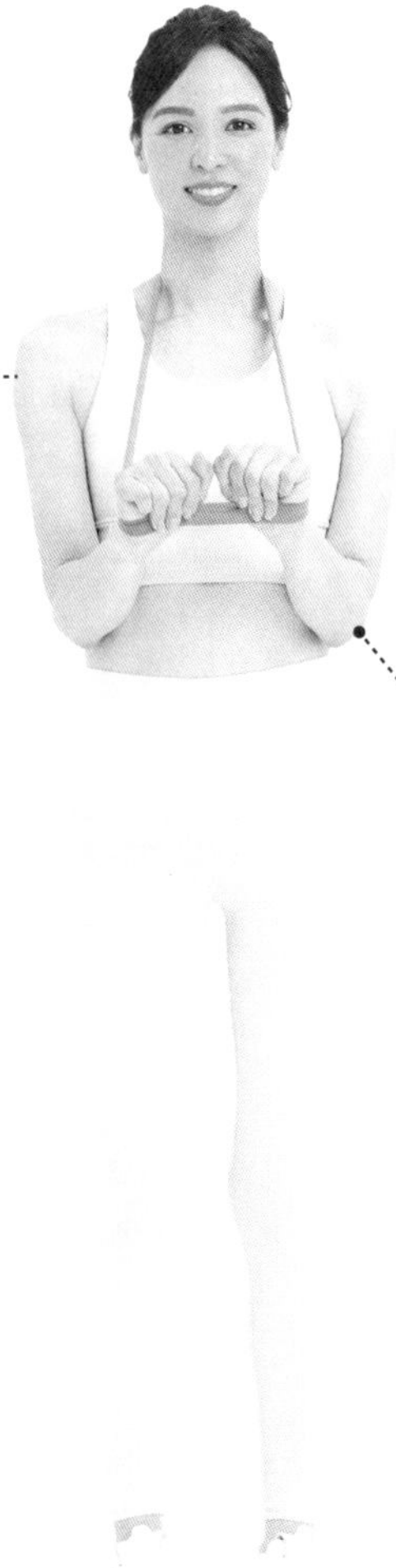

Point

脇を締め、肘はカラダにつけたまま。バンドをゆっくり伸ばす、引くを繰り返すと二の腕のたぷたぷがスッキリ。

木曜日

Step 2

息を吐きながら肘を伸ばし、吸いながら肘を曲げる。これを繰り返す。

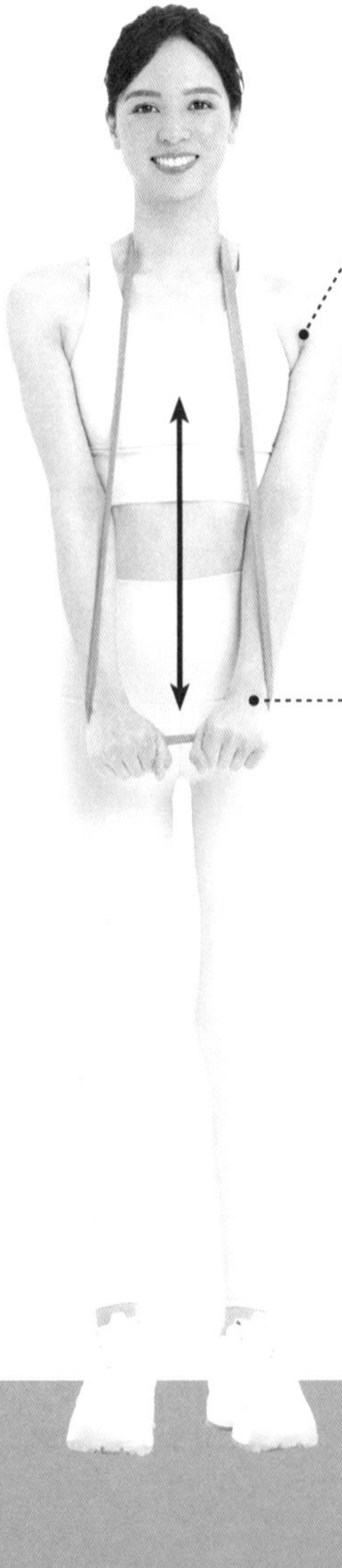

脇を締める

手のひらの付け根で
バンドを押す

Bad……

バンドを伸ばすと同
時にカラダが前に倒
れたり、肩が上がら
ないように。

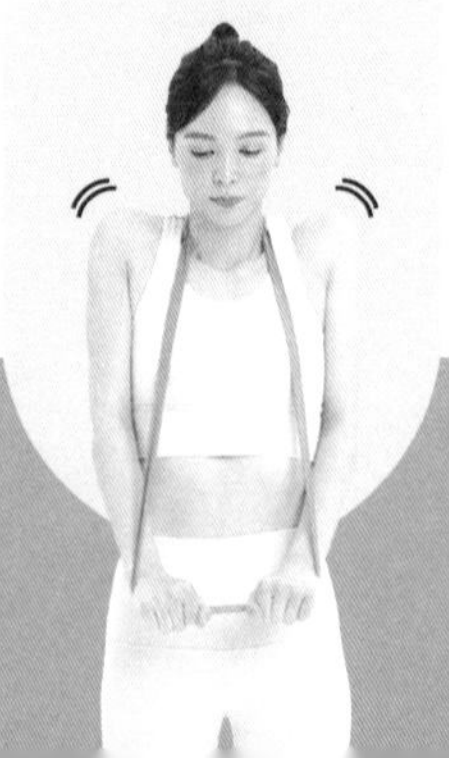

肘パカ

02

サムライ右バージョン

ふりそで肉をリセット

Step 1

脚は腰幅に開く。
右手は頭の後ろに、
左手は腰に回してバンドを持つ。

Start Position

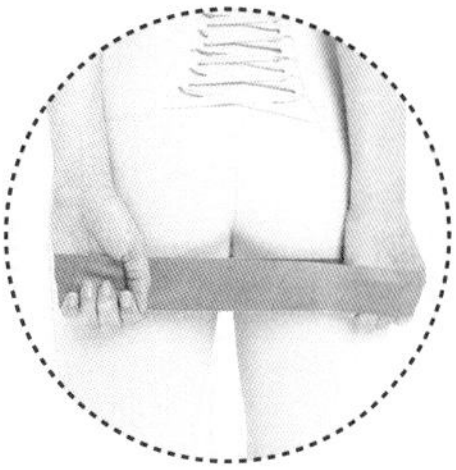

右手の甲は外側に、
左手は手のひらが
外側に向くようにバ
ンドを握る。

Step 2

左手を固定したまま、
息を吐きながら右肘を伸ばし、吸いながら戻す。
これを繰り返す。

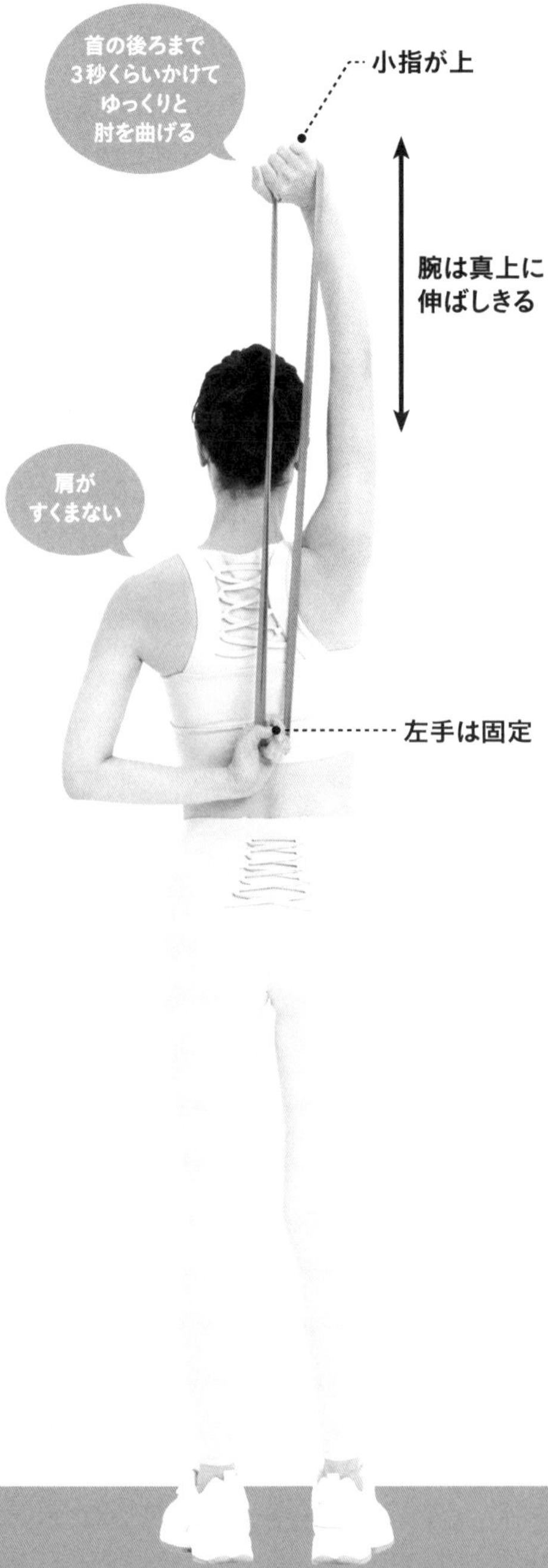
首の後ろまで
3秒くらいかけて
ゆっくりと
肘を曲げる
小指が上
腕は真上に
伸ばしきる
肩が
すくまない
左手は固定

Bad……

耳と肘の距離が離れてしまうと効果減。

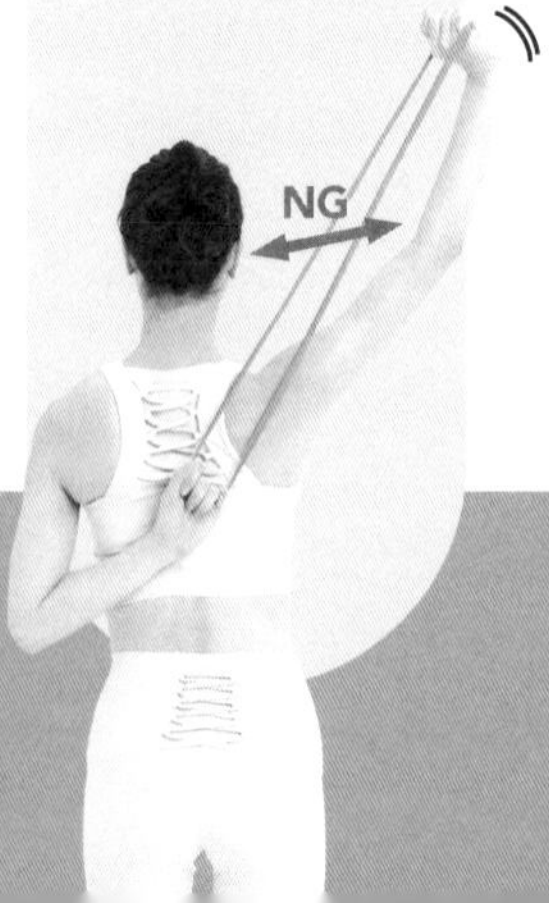
NG

肘パカ

03

サムライ左バージョン

ノースリーブに自信！

Step 1

脚は腰幅に開く。
左手は頭の後ろに、
右手は腰に回してバンドを持つ。

Start Position

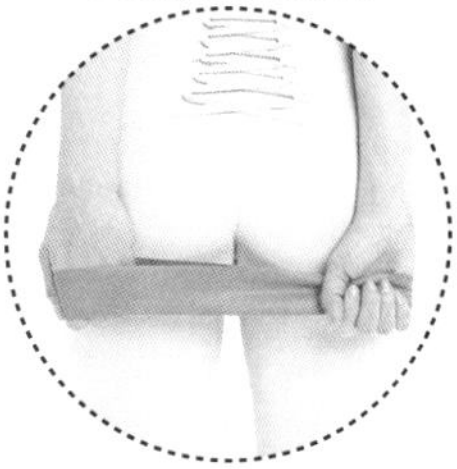

左手の甲は外側に、右手は手のひらが外側に向くようにバンドを握る。

Step 2

右手を固定したまま、
息を吐きながら左肘を伸ばし、吸いながら戻す。
これを繰り返す。

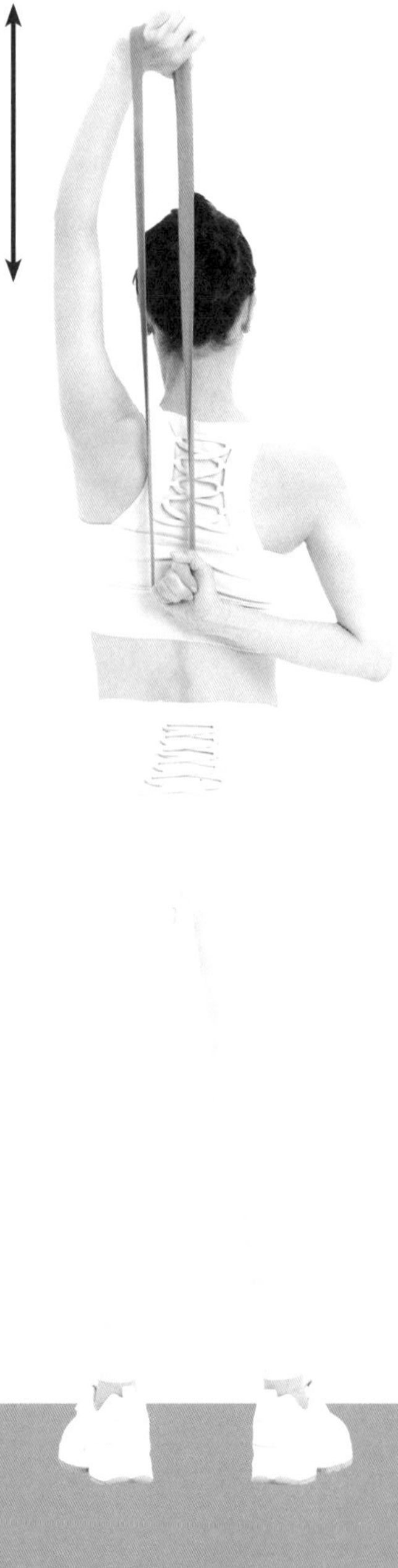

Bad……

バンドを上げるときにカラダが前に倒れないように。お腹に力を入れてお尻を締めよう。

肘パカ

04

パーシャル

二の腕も背中もシュッとする！

Step 1

脚は腰幅に開く。
親指と人差し指でバンドを挟み、
腕を斜め下に伸ばす。

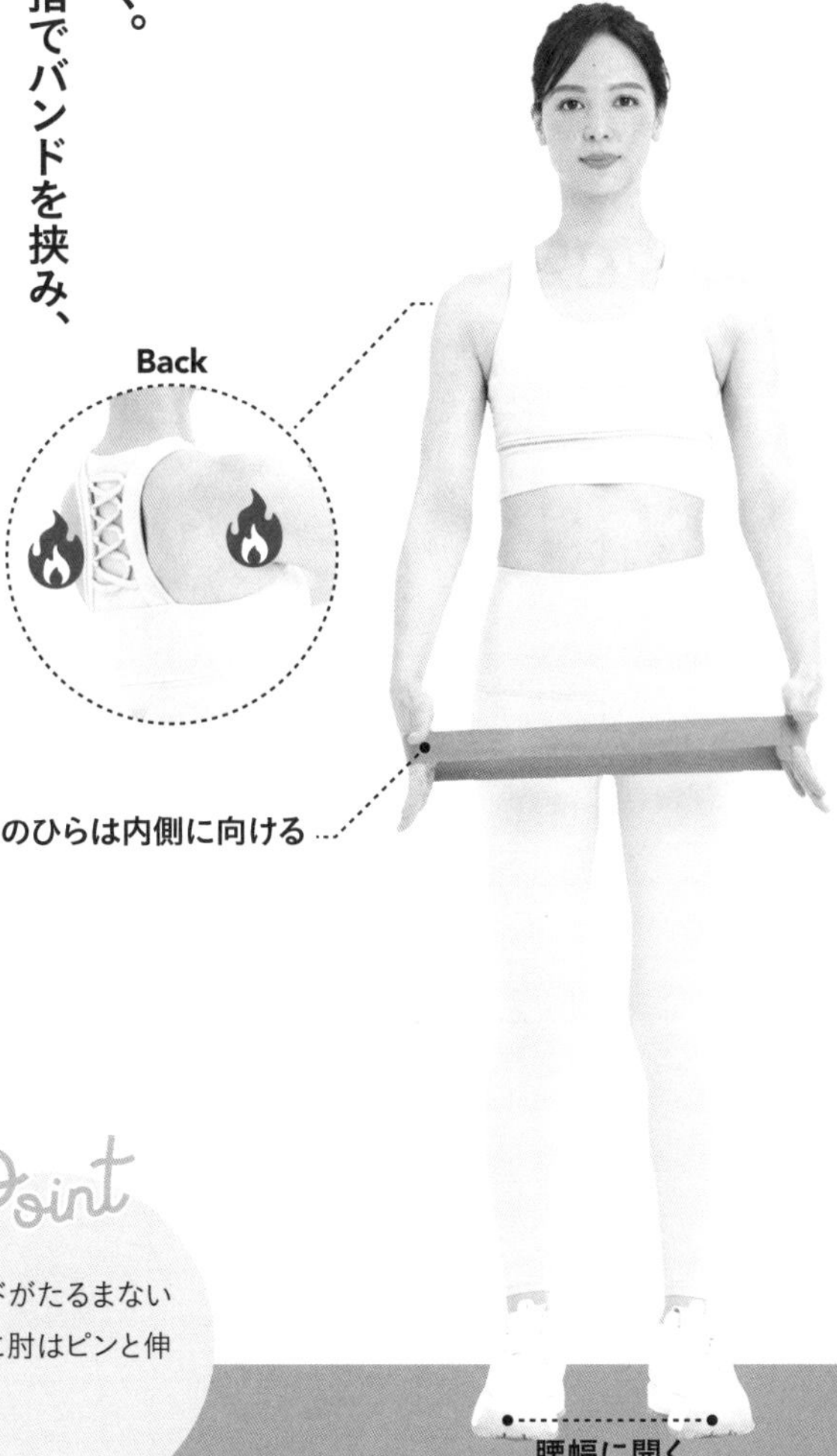

Point

バンドがたるまないように肘はピンと伸ばす。

Step 2

手を小刻みに開いたり閉じたりしながら、腕を少しずつ上げる。バンザイの姿勢になったら同じように腕を下げる。

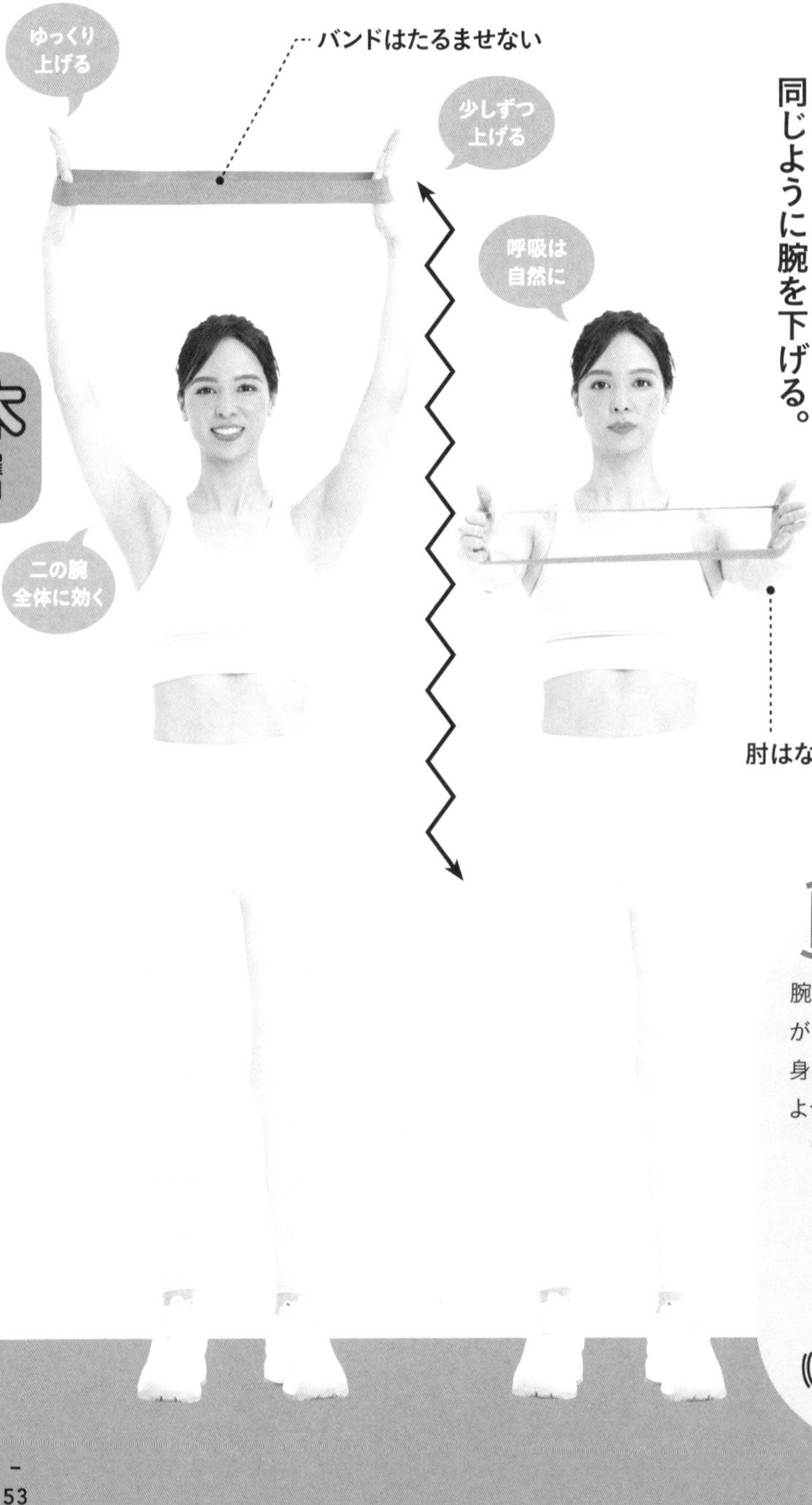
ゆっくり
上げる
バンドはたるませない
少しずつ
上げる
呼吸は
自然に
二の腕
全体に効く
肘はなるべく伸ばす

Bad……

腕を上げるときに肩がすくんだり、上半身が前に倒れないように。

肘パカ

05

バック

肩こり改善にも！　華奢な上半身をメイク

Step 1

脚は腰幅に開く。
バンドの両端を手でつかんで
骨盤に当てたらしっかりお尻を引く。

Point

骨盤の骨が出っ張っているところにバンドを当てる。

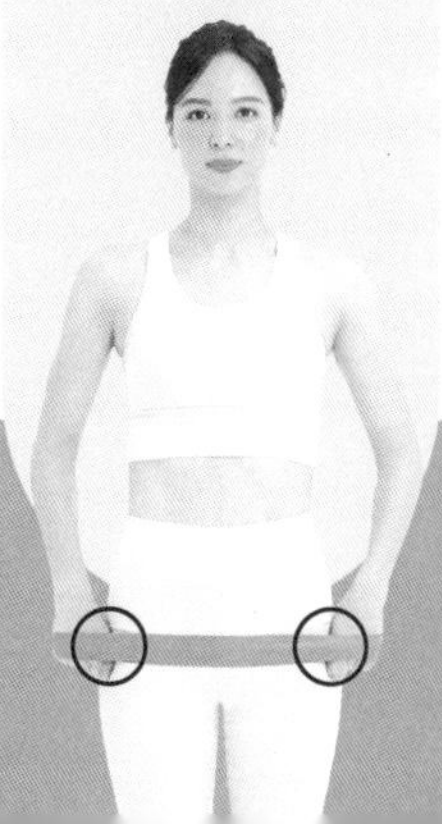

Step 2

息を吐きながら肘を伸ばし、吸いながら肘を曲げる。これを繰り返す。

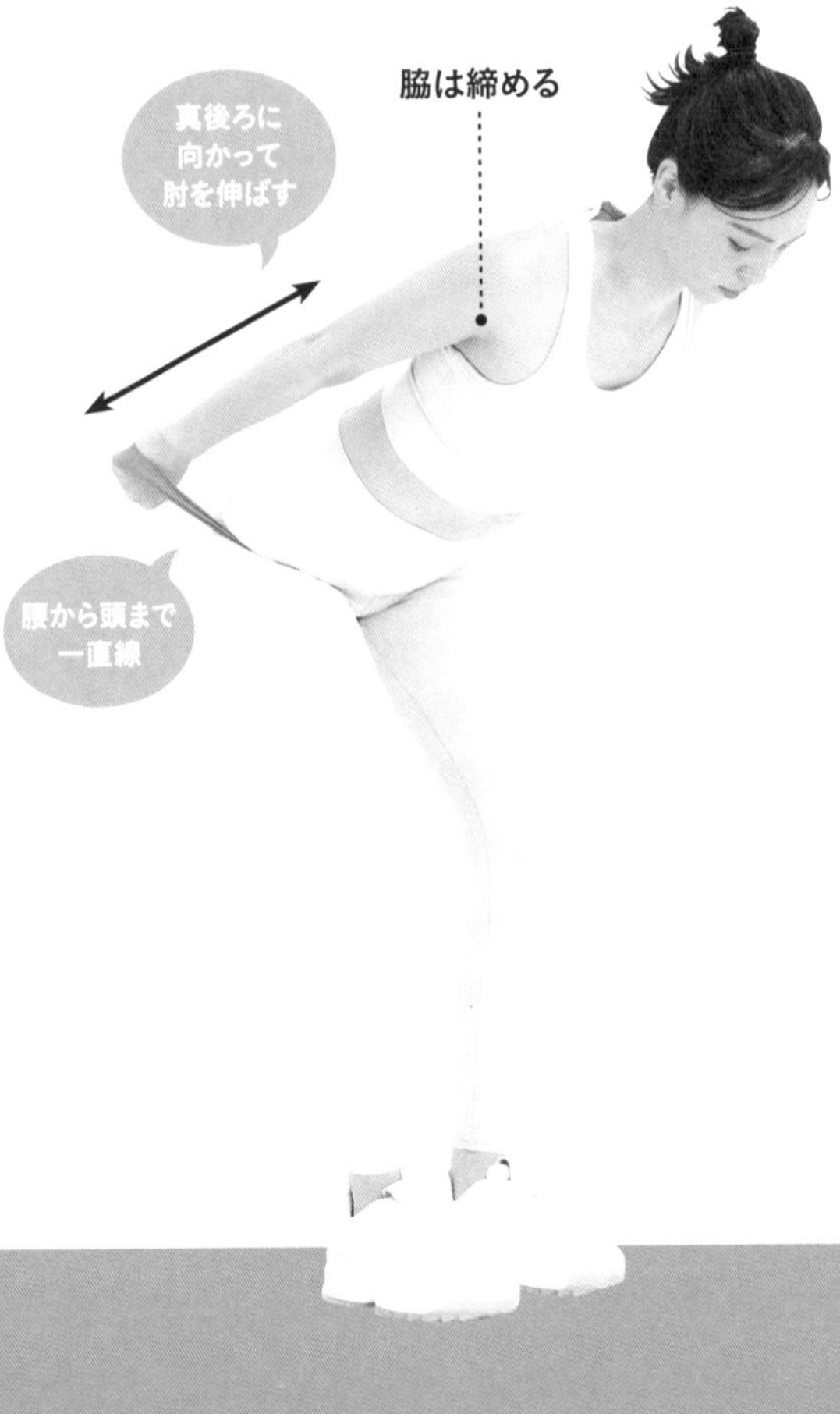
脇は締める
真後ろに
向かって
肘を伸ばす
腰から頭まで
一直線

Bad……

肘が横に開かない
ように。曲げすぎる
のもNG。

コレだけ！
ももパカのためのストレッチ

Step 1 四つ這いになり、肘を肩の真下につく。
脚は腰幅より広く開いて
股関節と膝とつま先を外に向けて
カラダを前へスライドさせる。

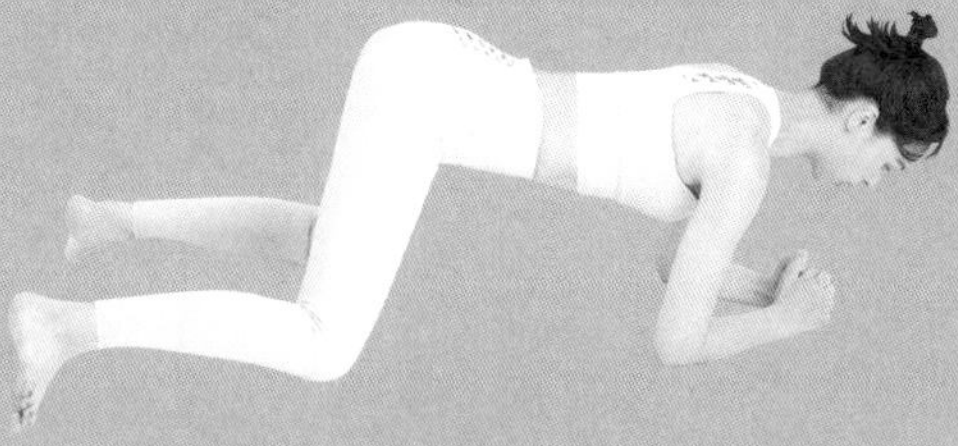

Step 2 お尻を後ろに引く。これを10回繰り返す。

下半身全体を伸ばして動きをなめらかに

金曜日の地獄の美尻エクササイズに備えて、股関節のストレッチをしましょう。着実に成果を出すためには、股関節まわりの筋肉をきちんと動かせることがカギになります。これはお尻、裏もも、内ももの筋肉を同時に使う、イチオシのストレッチです。

最初はうまく動かせないこともありますが、大丈夫。繰り返して回数を重ねていくうちに慣れていき、スムーズに動かせるようになります。

脱ピーマン尻！きゅっと上がった桃尻に

ももパカの金曜日

1週間で最もキツイのは金曜日の「美尻」になるももパカ。膝をパカパカ「外」に開くことを心がけてください。これだけでお尻は確実にキツイはず。けれど、かっこいい後ろ姿になるには必須のエクササイズです。

01

ランジ

座り過ぎの垂れ尻から解放！

Step 1

膝の上にバンドをつけ、
脚は肩幅に開く。
手は胸の前で組み、
右脚を斜め後ろに引き腰を落とす。

Start Position
肩幅

膝がつく
ギリギリまで
腰を落とす
膝が内側に入らないように
後ろの脚は
軸足より外側
前の脚に8割
体重を乗せる
重心は前の脚のかかと

Step 2

後ろの脚を戻して立ち上がり、脚を真横に振り上げる。これを左右交互に行う。

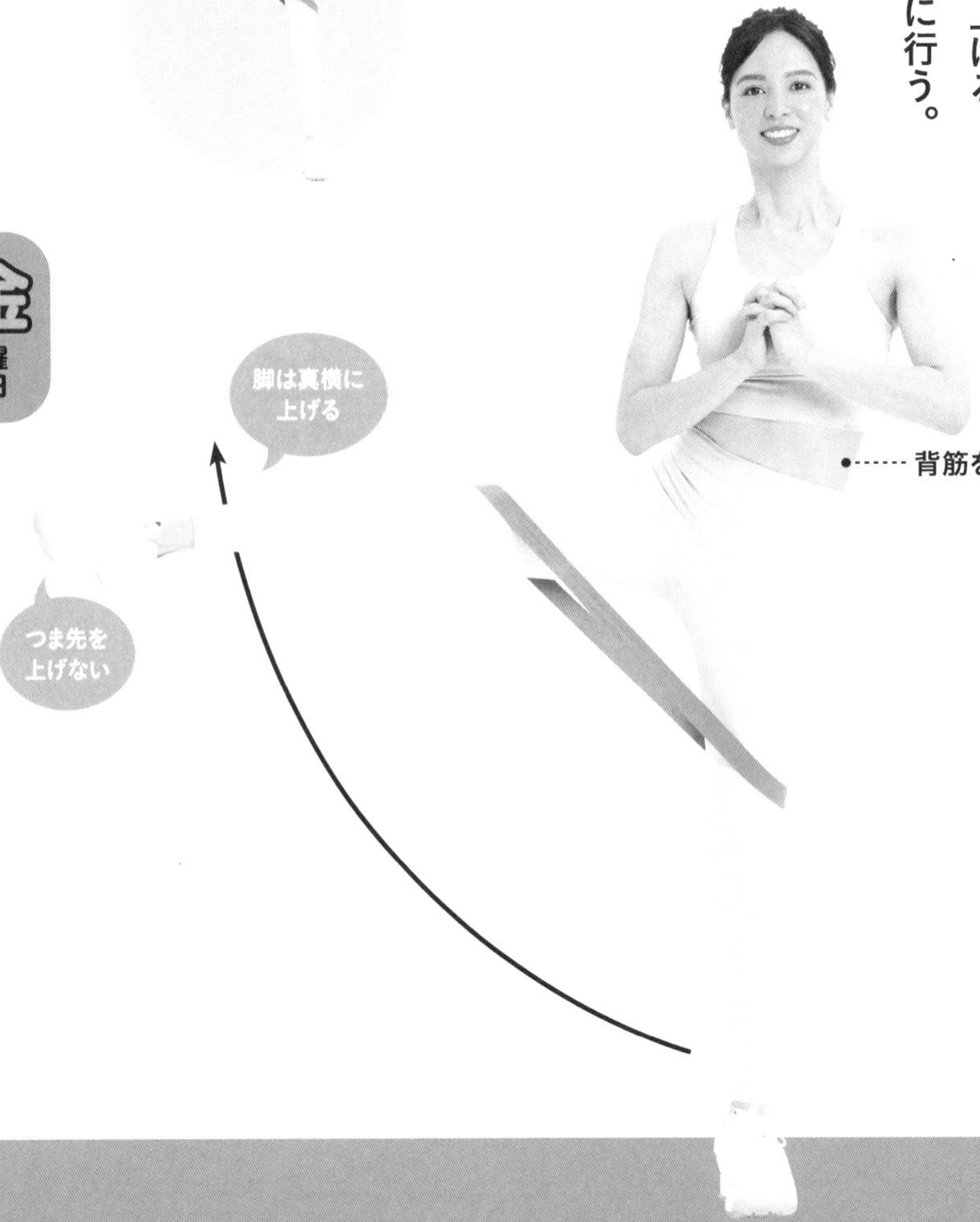
脚は真横に上げる
つま先を上げない
背筋を伸ばす

Bad……

脚を横に上げるときに、反対側にカラダが倒れないように。

02

クラブ

お尻のほっぺがグイッと持ち上がる

Step 1

膝の上にバンドをつけ、脚は肩幅より広く開く。膝を曲げてお尻を引き、手は胸の前で組む。右脚を真横に大きく一歩踏み出し（a）、左脚も近づけて肩幅くらいにする（b）。

Point

ふくらはぎがししゃも脚にならないように、つま先に力を入れない。

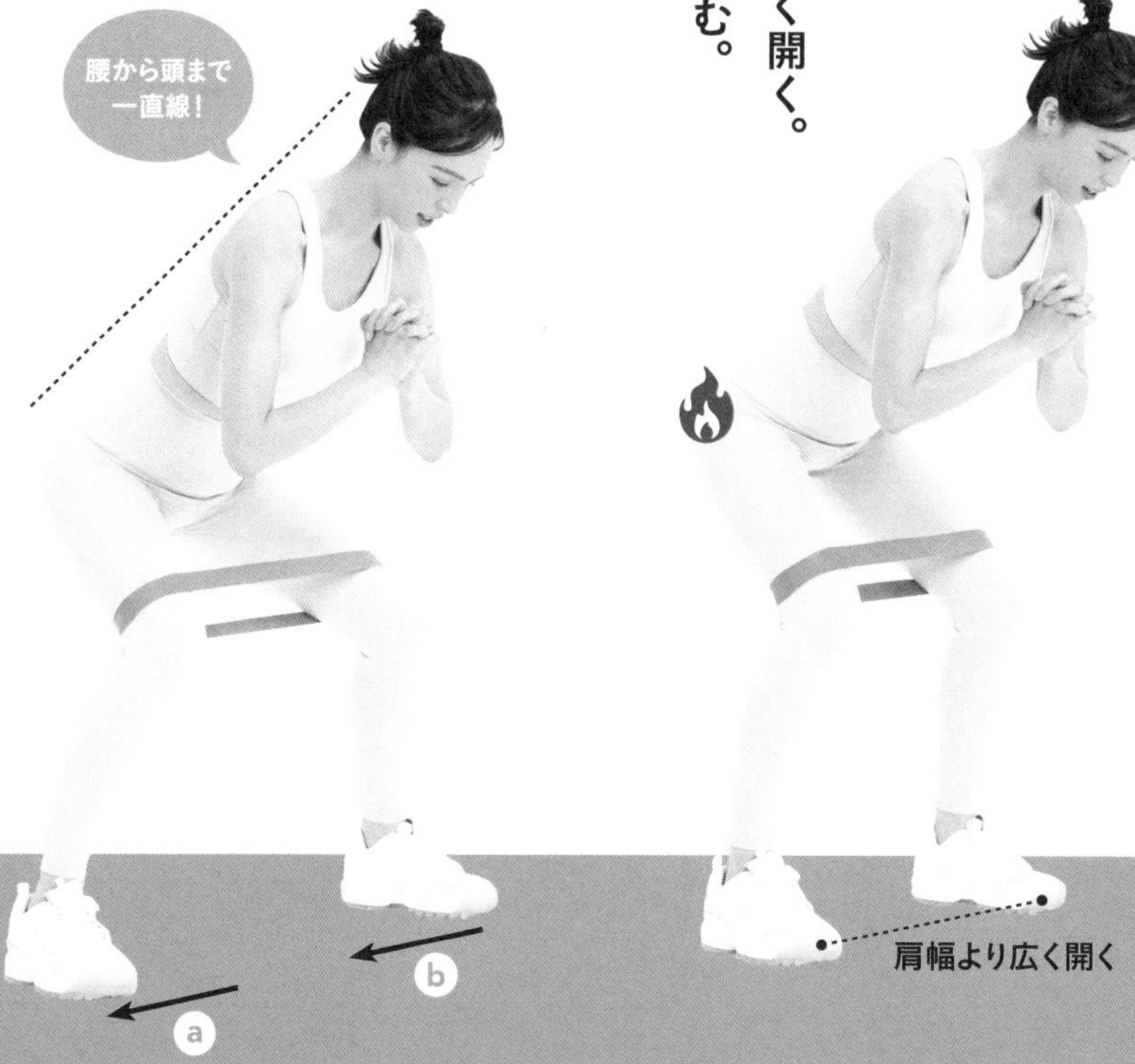

Step 2

右脚をなるべく高く2回上げる。左右交互に行う。

Bad……

脚を横に上げるとき、腰を丸めると、前ももに効いてしまう。

つま先は上げない
軸足でカラダを支える
膝はやや曲げる

ももパカ

03

スクワット

全方位スッキリとした美尻に

Step 1

膝の上にバンドをつけ、
脚は肩幅より広く開く。
膝を軽く曲げてお尻を引き、
手は胸の前で組む。

Step 2

右脚を右に一歩出したら戻し(a)、
左脚を左に一歩出して戻したら(b)
しゃがむ。

Bad……

疲れてきても小股はNG。

Point

立ったとき、膝を伸ばしきらないことでお尻に負荷がかかり続ける。

バンドは張ったまま
しっかりしゃがむ
太ももは床と平行
b

04

パラレル

弾むようなヒップにシェイプアップ

Step 1

膝の上にバンドをつけ、脚は肩幅に開く。お尻を後ろに引いて、手は胸の前で組む。

Point

脇は締めて肩はリラックス。上半身に力を入れないように。

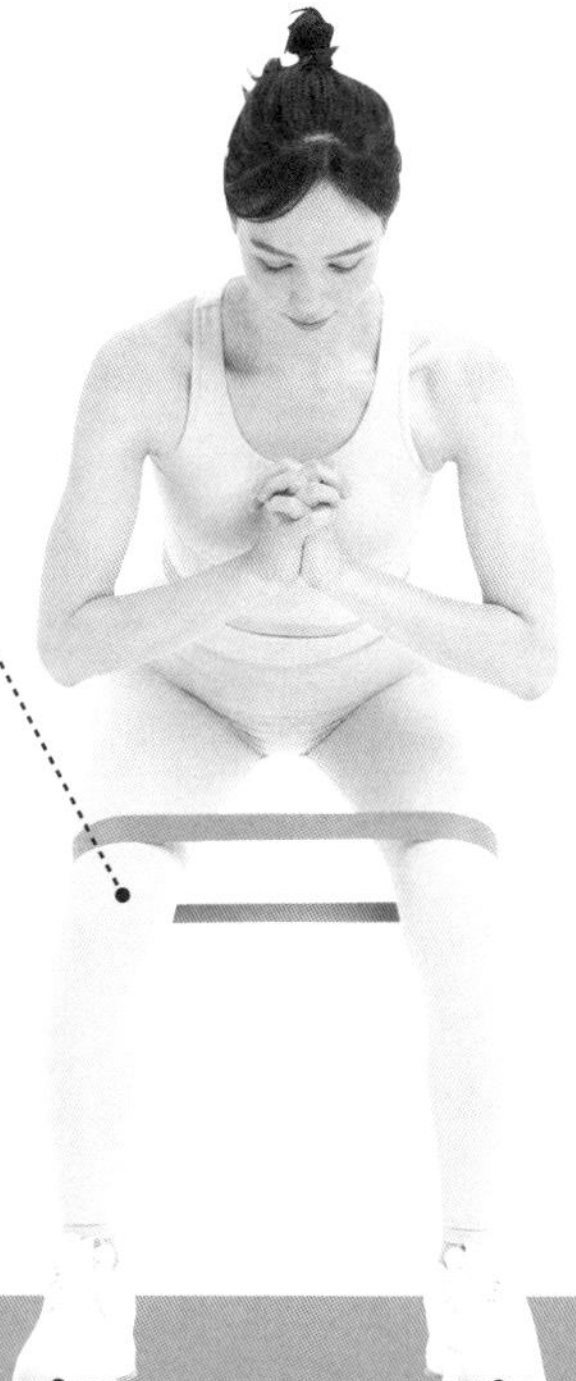

Bad……

膝が内側に入り、親指に体重が乗り過ぎると、前ももが張る。

Step 2

お尻を真下に下ろして、
膝を外に向けたり
正面に戻したりを繰り返す。

背中を伸ばす
内ももを前に見せる
太ももは床と平行
つま先と膝は同じ向き
外側重心に注意！

05

ツイスト

お尻と内ももの引き締めはコレで完成

Step 1

膝の上にバンドをつけ、
脚は肩幅に開く。
お尻を後ろに引いて、
手は胸の前で組む。

Point

膝は約45度外に向けると、股関節も開き、お尻に効きやすくなる。

Step 2

右のかかとを上げて
膝を内に向けたり、
外に向けたりを繰り返す。
反対も同様に。

Bad……

キツくなると前かがみの姿勢になってしまいがちなので耐えて。

呼吸は自然に
内ももを前に見せる
膝の動きが小さくならないように
かかとを上げて膝だけ動かす
つま先を軸にする

教えて！ユウトレ先生!!

Question & Answer

Q: やればやっただけ効果は出ますか？

A: このDVDの時間で十分です

本書のプログラムは1種目1分（45秒のエクササイズと15秒の休憩）で1日5種目2セット、つまり1日10分で終わります。基本的にはこの通りがおすすめです。

思ったよりラクに感じたからといって、セット数や時間を増やす人もいます。しかし増やしたところで効果の出るスピードが速くなるということはありません。

ラクに感じてしまった場合は負荷が足りないので、DVDの再生を遅くしてゆっくり動くことでキツさを実感できます。

とにかく「1日10分」を一緒に頑張りましょう。

Q: どれくらい続けたら効果は出ますか？

A: まずは1週間続けましょう

できない種目があったり、45秒間続けられなくてもかまいません。途中で止まってもいいでしょう。最終的に1日10分、合計35種目すべてができるようになることを目指してください。

効果の感じ方は人それぞれですが、これまで運動をほとんどしたことない人は、1週間ほどで効果が実感できると思います。歩きやすくなった、カラダが疲れにくくなった、階段の上り下りが楽になったなど、毎日の生活で実感できることが多いです。

体重が減るなど、数字でわかる変化は1ヵ月くらいをみるとよいでしょう。

バンドなし

雨の日でもできる！ おうち有酸素

立ち腹筋の土曜日

立ち腹筋は、立って行うことで、首や腰に負担がかかりにくく、効果が出やすいエクササイズ。場所を問わず、いつでもどこでもできます。週末は立ち腹筋三昧。日曜日はレベルアップ！ まずはこの土曜日で腹筋の土台作りをしましょう。

立ち腹筋

01

バンザイタッチ

1種目で腹筋とお尻に効く

Step 1

脚は肩幅より広く開いてバンザイをする。

腹筋を
縦に伸ばす
腰は反らない
お腹に
力を入れる
肩幅より広く開く

Point

足首をタッチするときはみぞおちから丸めると、腹筋に効く。

Step 2

お尻を後ろに引き、
息を吐きながらカラダを丸め、
両手で右足首にタッチしたら
Step 1 の姿勢に戻る。
これを左右交互に行う。

Bad……

足首にタッチするときに膝を伸ばさないように。

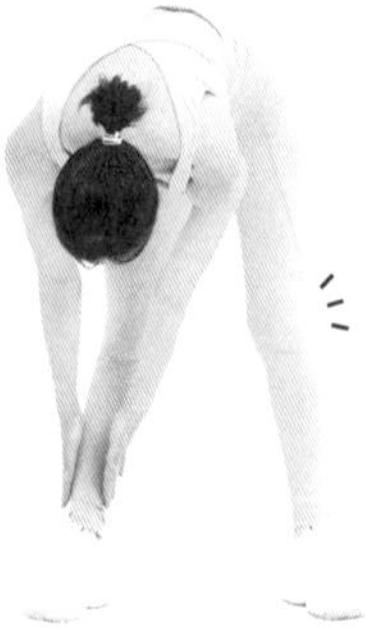

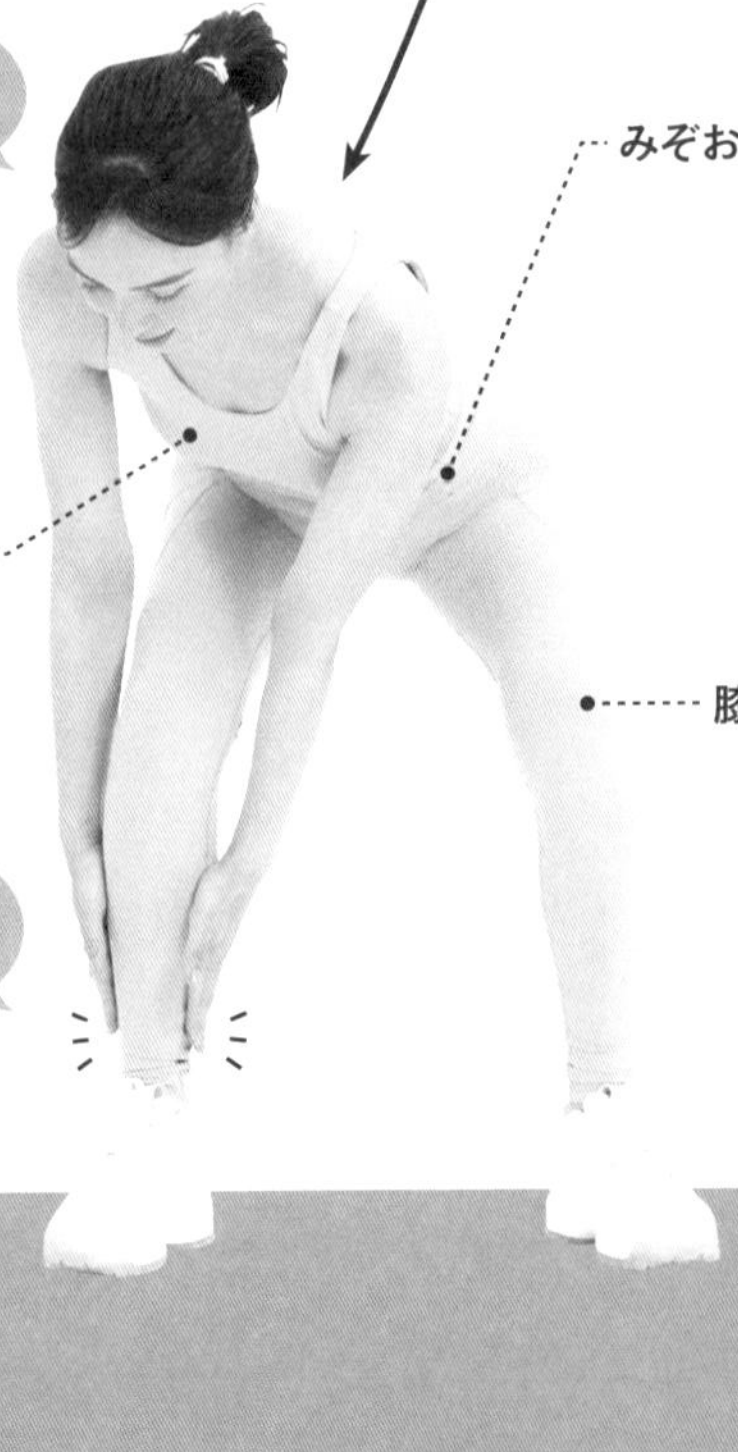
息を吐く
みぞおちを丸める
胸に太ももを近づける
膝は軽く緩める
足首にタッチ

立ち腹筋

02

スローランナー

腰まわりのハミ肉を一掃！

Step 1

右膝を引き上げながら左肘を上げてカラダを右にひねる。

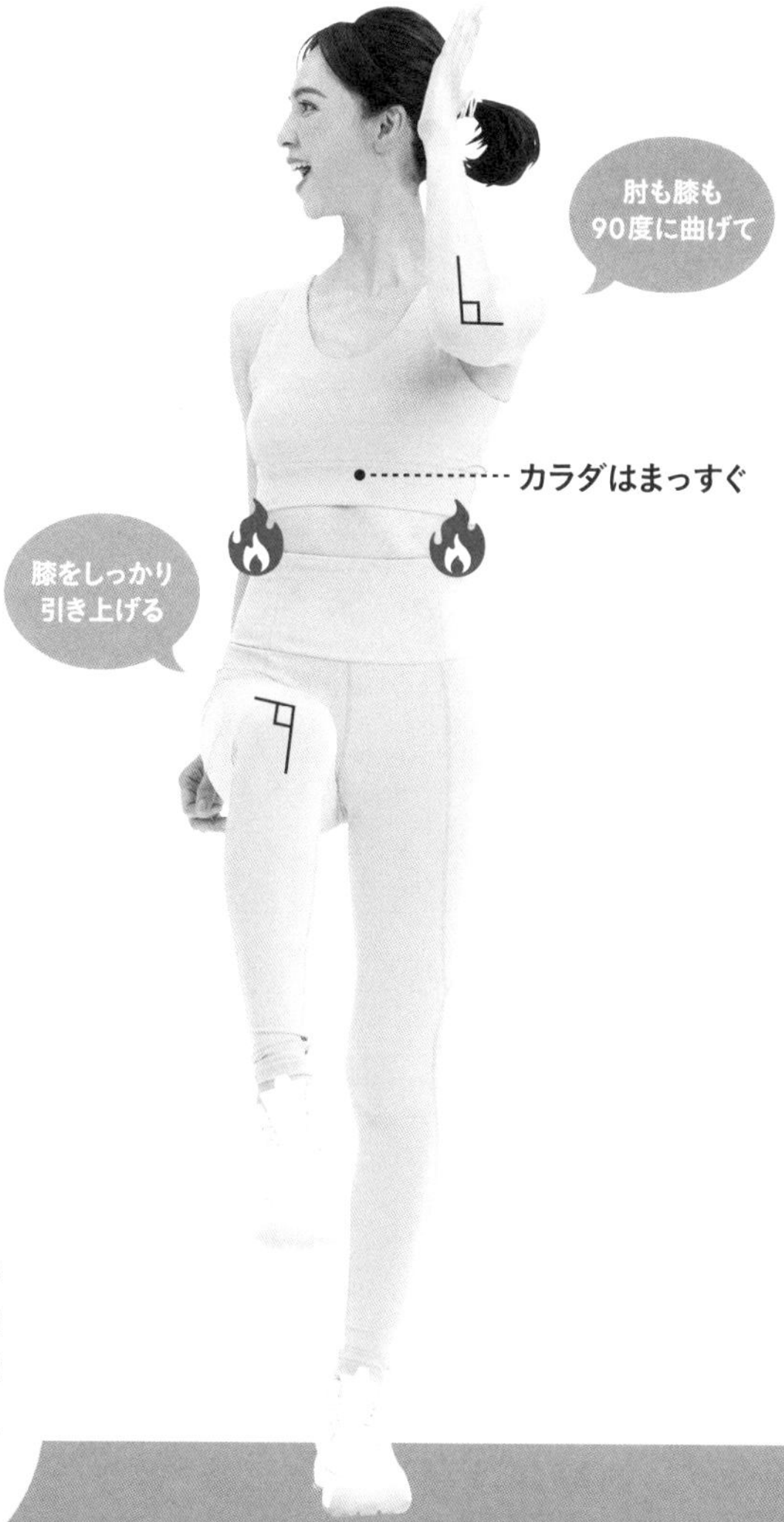
肘も膝も
90度に曲げて
カラダはまっすぐ
膝をしっかり
引き上げる

Point

膝は90度になるまで上げて目線は横に。お腹が引き伸ばされる感覚があれば正解。

Step 2

左右交互に肘と膝を引き上げる。

目線も横に
脇腹に効かせるように上半身をひねる

土
曜日

Bad……

顔だけ横に向けてしまうと腹筋のエクササイズになりません！

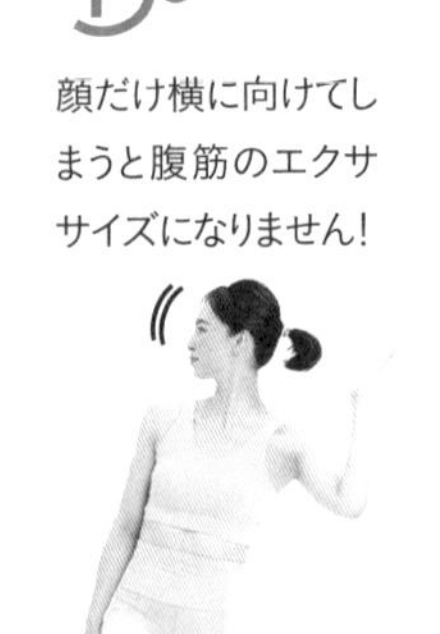

立ち腹筋

03

ゴルファー

ひねって絞り上げる！

Step 1

脚は肩幅より広く開き、指をクロスさせてカラダの前に置く。

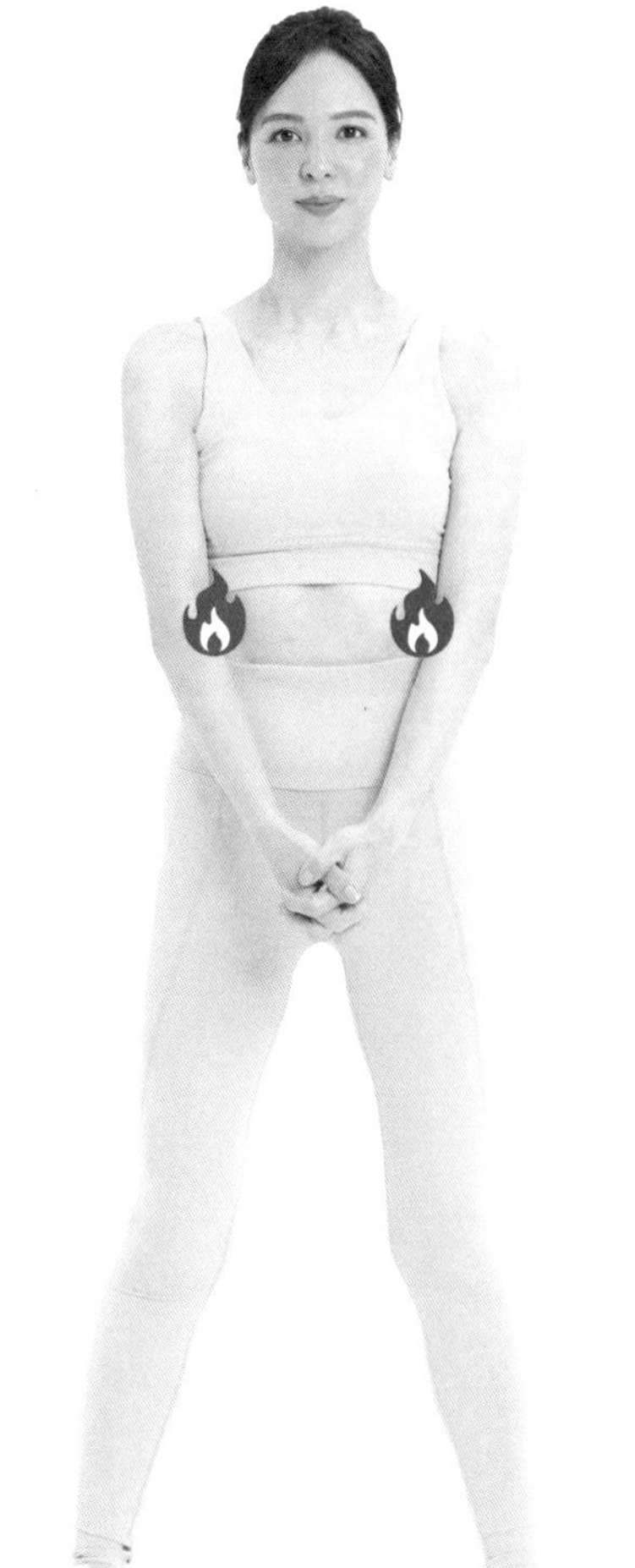

Point

カラダをひねるとき、反対のかかとは浮かせて脚もひねると脇腹がしっかり伸びる。

Step 2

両腕を右に振り上げながら
カラダも右にひねる。
左右交互に行う。

腕を遠くに伸ばす
目線は手
脇腹が伸びる感覚
脚ごと
ひねる
かかとを浮かせる

Bad……

腕だけで動かさないように、肘はなるべく曲げない。

土
曜日

立ち腹筋

04
スリーウェイ

伸ばして縮めて脇腹に刺激を!

Step 1

脚は肩幅より広く開き、指はクロスさせて腕を前に伸ばす。お尻を引いて膝を曲げ、腕を下ろしたら立ち上がる。

Point

カラダをひねるときに息を吐くと、お腹全体が引き締まる!

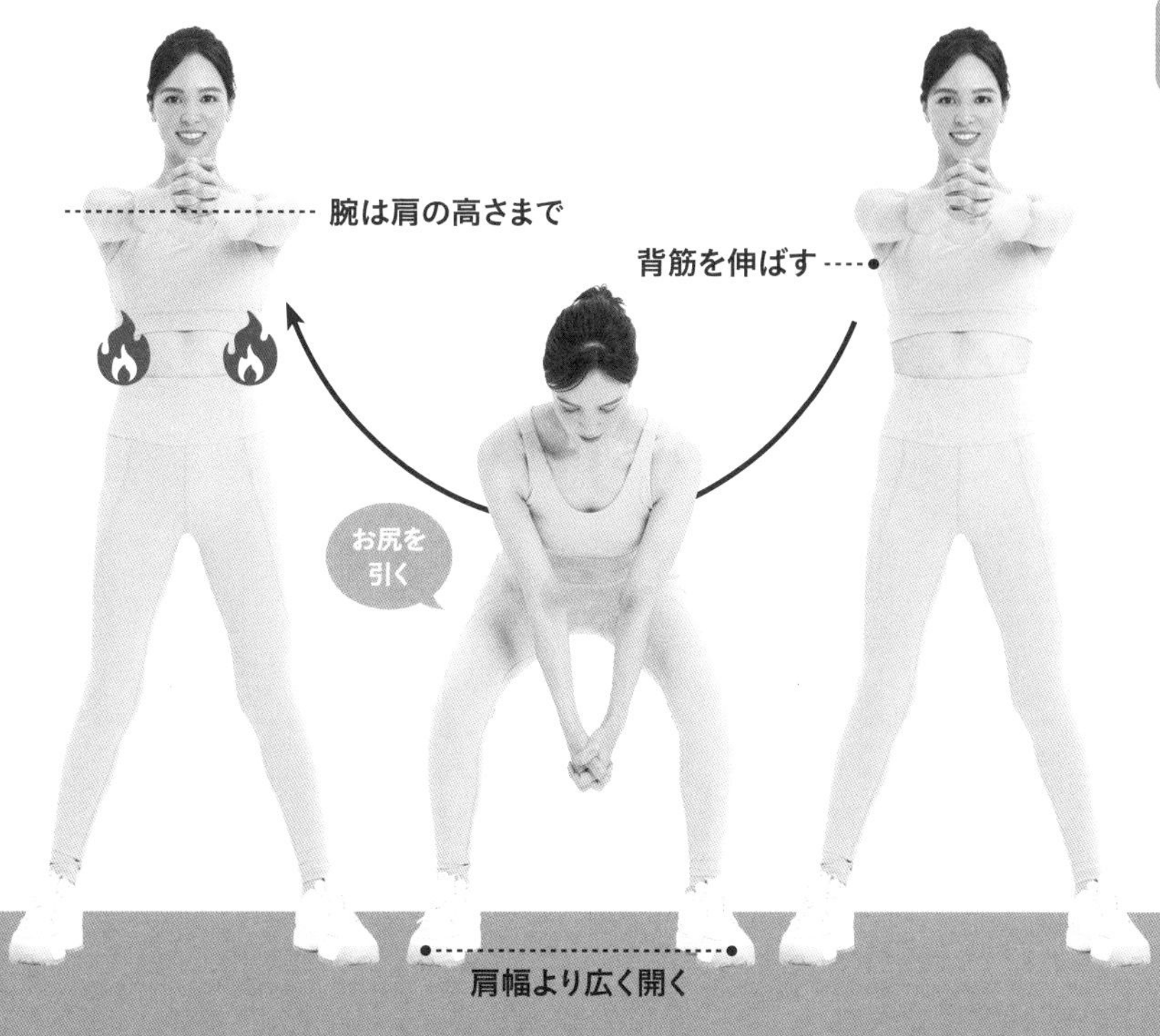

Step 2

カラダを左にひねりながら腕を振り下ろしたら（a）カラダを戻し、反対側も同様に振り下ろす（b）。Step 1に戻って繰り返す。

Bad……

かかとを床につけたまま、膝を伸ばすと動く範囲が狭くなる。

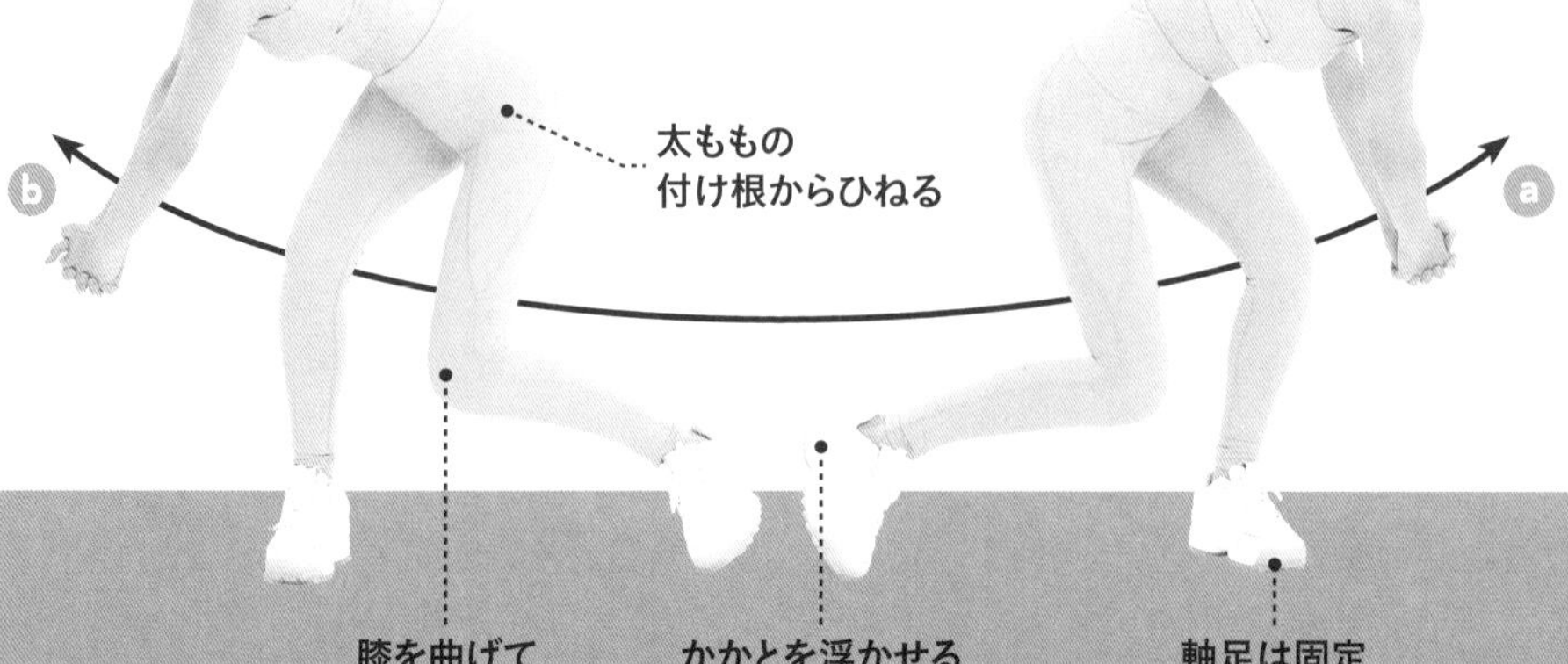
顔も斜め後ろに
太ももの付け根からひねる
b
a
膝を曲げて
かかとを浮かせる
軸足は固定

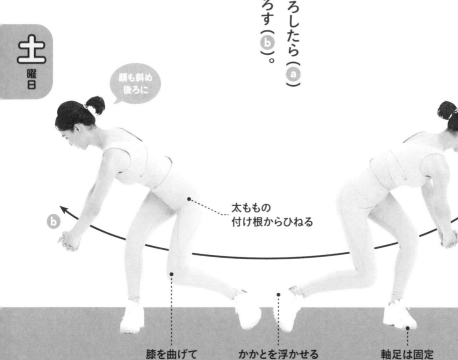

立ち腹筋

05

タッチアップ

脇腹をギューッと縮めて！

Step 1

脚は肩幅より広く開き、
左手は耳の横に、右手は上げて
カラダを左に倒して横腹を伸ばす。

Step 2

右肘と右膝を曲げてカラダの横でタッチする。3回繰り返したら反対も同様に行う。

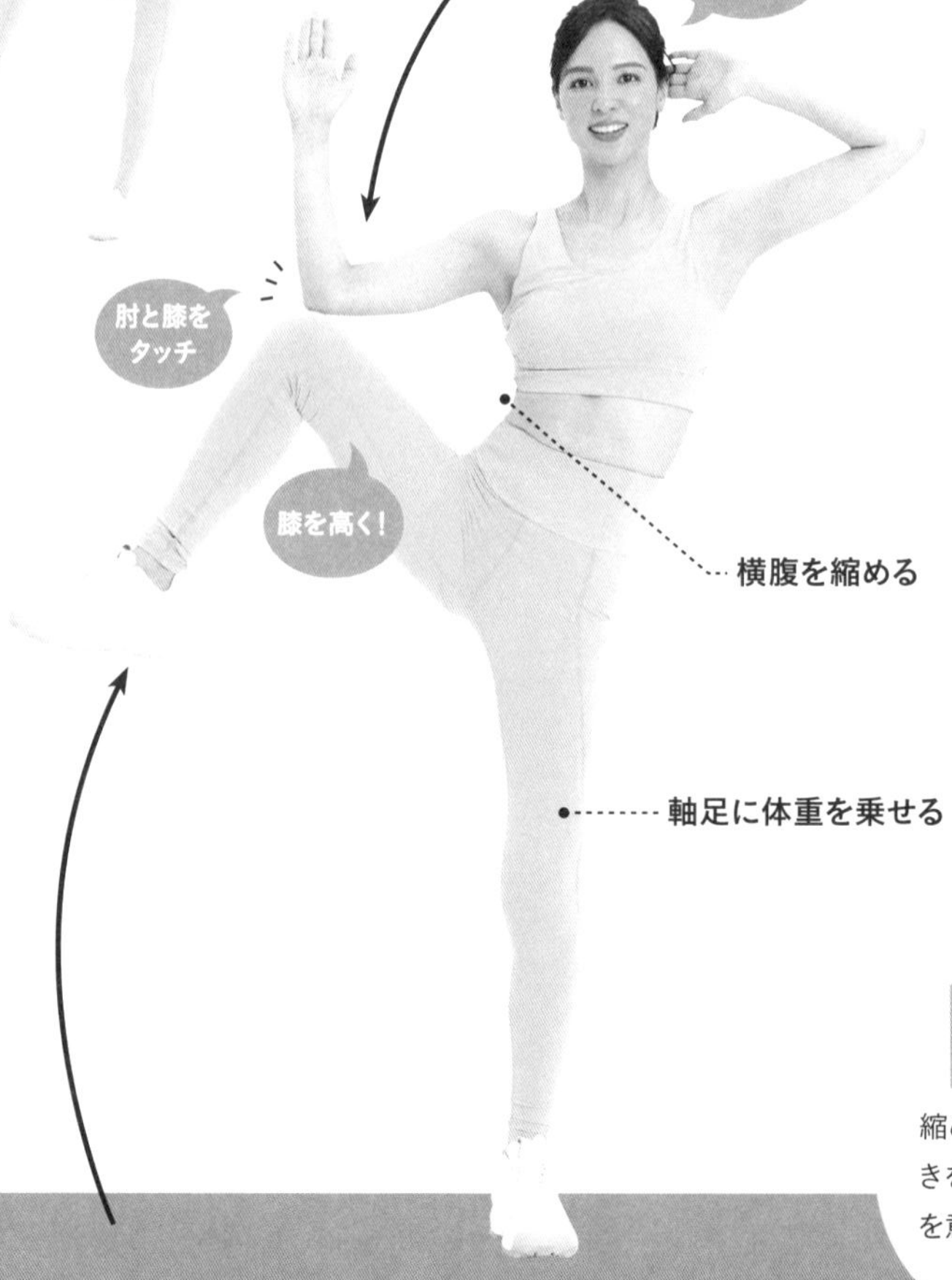
息を吐きながら
肘と膝をタッチ
膝を高く！
横腹を縮める
軸足に体重を乗せる

Bad……

膝がだんだん低くなり、肘だけを下げて膝にタッチしてはダメ！ 腕が下がり過ぎると姿勢が崩れ、効果が得られない。

Point

縮める、伸ばすの動きを大きく行うことを意識して。

土曜日

教えて! ユウトレ先生!!

Question & Answer

Q: 筋肉痛になったら休んでもいい?

A: 休んでも問題ありません

筋肉痛のときは無理をせずに堂々と休息日にしてください。筋肉痛になると、通常よりも強い負荷をかけにくくなり、フォームが崩れてしまう原因にもなります。

なかには「休息日を作ることで継続できなくなるのでは」と不安になる人もいると思います。ですが、適度な休みは必要であり、続けるための要素でもあります。

運動の習慣を身につけるためにできるだけ休みたくない場合は、バンドを使わない、秒数を減らす、1セットのみにするなどして負荷を下げてチャレンジしましょう。

とにかくストレスなく、正しいフォームでエクササイズをすることが一番大切です。

Q: 続けられないけどどうしたらいい?

A: 自分のできる範囲で大丈夫です

仕事や家事、育児など忙しい毎日を過ごして大変にもかかわらず、エクササイズも取り入れようと思っている前向きな気持ちが素晴らしいです。完璧にやらなくては、毎日続けなくてはと思わずに、できる範囲でやり、できた自分をほめてあげてください。できるなら、僕がほめに伺いたいほどです。

今までエクササイズをする習慣がなかった方は、これまでの生活の中で時間を作って生活サイクルを変えなくてはいけません。ですから続けるのが難しいのは当たり前。できなかった日があったからと止めてしまわず、余裕が生まれたときに再開すればオールオッケーです。

バンドなし

心拍数を上げて、脂肪を燃やそう!

立ち腹筋の日曜日

お腹全体はもちろん、腕を振り下ろす動作で背中や二の腕を鍛え、お尻を引く姿勢で裏ももやお尻にも効くエクササイズです。1エクササイズで複数部位にアプローチ! 1週間の締めにふさわしい種目が勢揃いです。

立ち腹筋

01

ウェーブ

腹筋にうっすら縦線を作る

Step 1

脚は腰幅に開き、バンザイをする。

手のひらは正面
腕は耳の横
お腹をしっかり伸ばす
カラダは一直線
腰幅に開く

Point

耳の横までバンザイすることで背中にも効く。

Step 2

息を吐きながら腕を下ろして上半身を倒し、
息を吸って Step 1 の姿勢に戻る。
これを繰り返す。

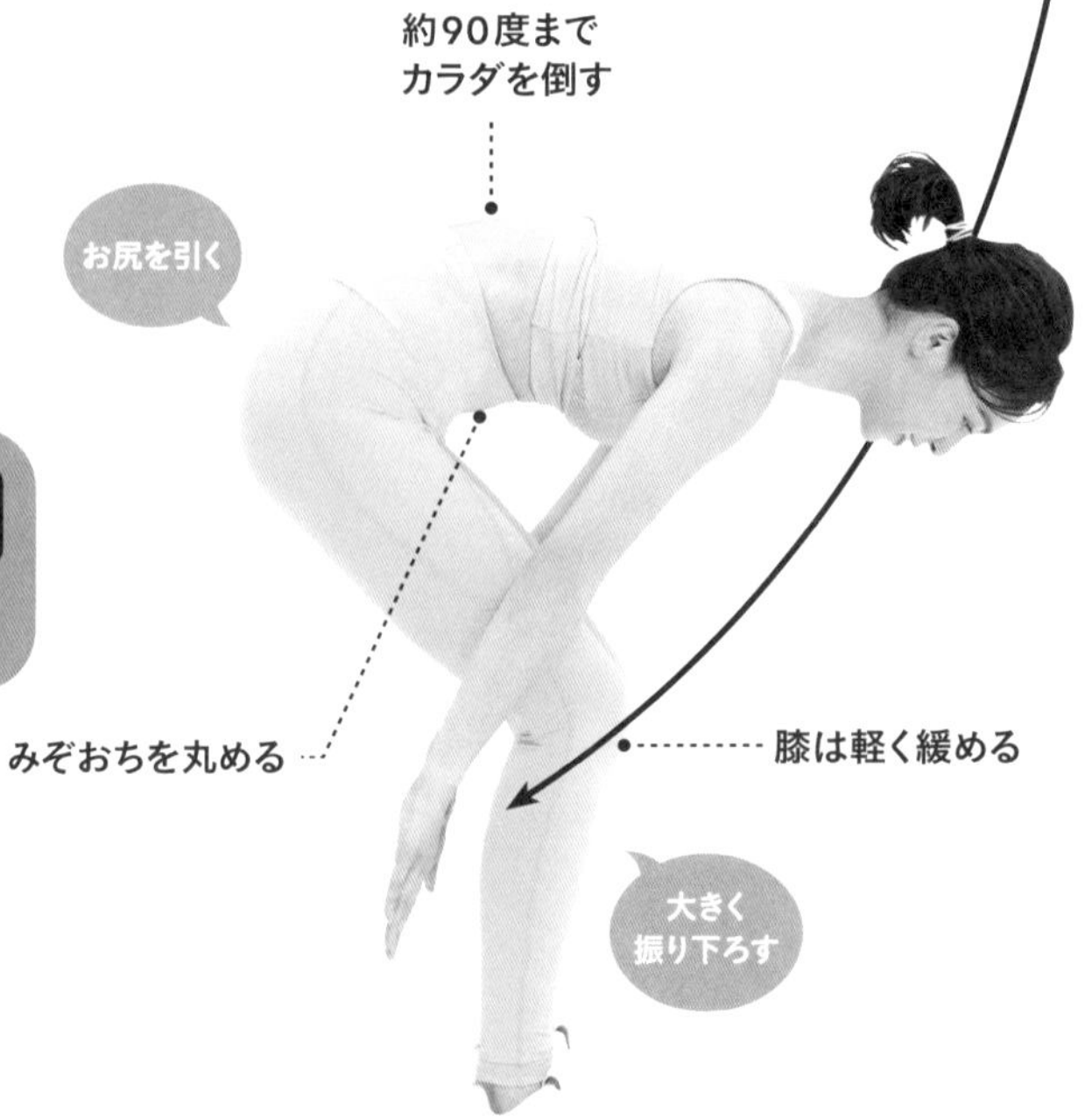
約90度まで
カラダを倒す
お尻を引く
みぞおちを丸める
膝は軽く緩める
大きく
振り下ろす

Bad……

勢いで脱力してしまうと、腹筋を使わない動きになってしまう。

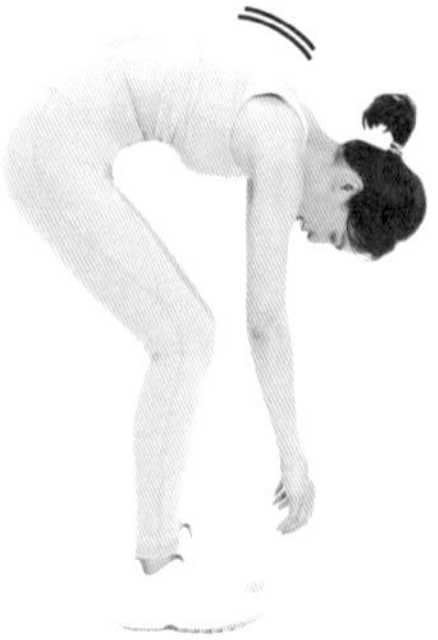

日
曜日

立ち腹筋

02

スウィングアップ

腰肉を絞り上げよう

Step 1

脚は腰幅に開き、頭の上で指をクロスする。

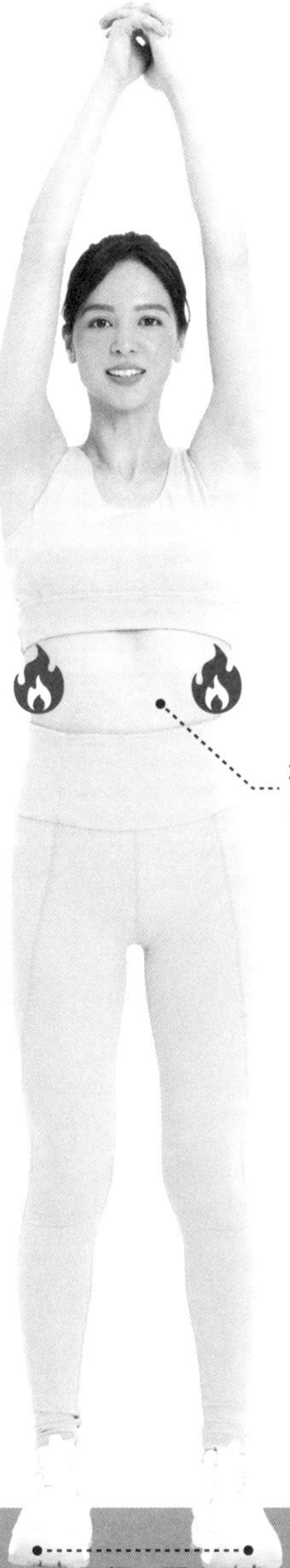

Point

キツイ人は上半身の動きだけをマネしてみて。

Step 2

息を吐きながら右脚を振り上げ、腕は右後ろに振り下ろしてカラダをひねる。吸いながら Step 1 に戻る。左右交互に行う。

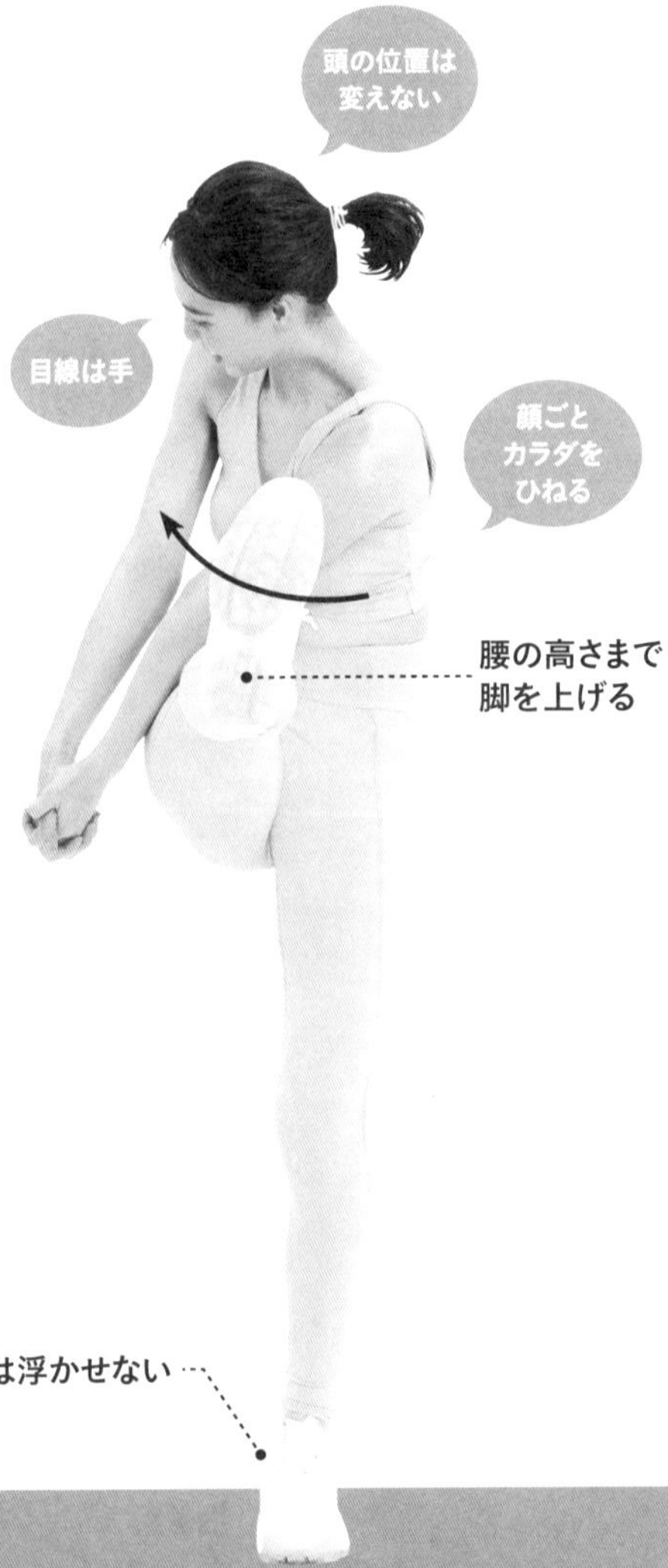
頭の位置は
変えない
目線は手
顔ごと
カラダを
ひねる
腰の高さまで
脚を上げる
かかとは浮かせない

Bad……

軸足の膝が曲がり過ぎたり、脚を横に上げたりすると脇腹への効き目が半減。

立ち腹筋

03

アンクルタッチ

腹筋とお尻、同時にシェイプ

Step 1

脚は肩幅に開き、
頭の上で指をクロスする。

Point

脚を上げるとき、膝を外に開くことで美尻に近づく。

Step 2

息を吐きながら右膝を開き、
足首と手をタッチする。
吸いながら Step 1 に戻る。
左右交互に行う。

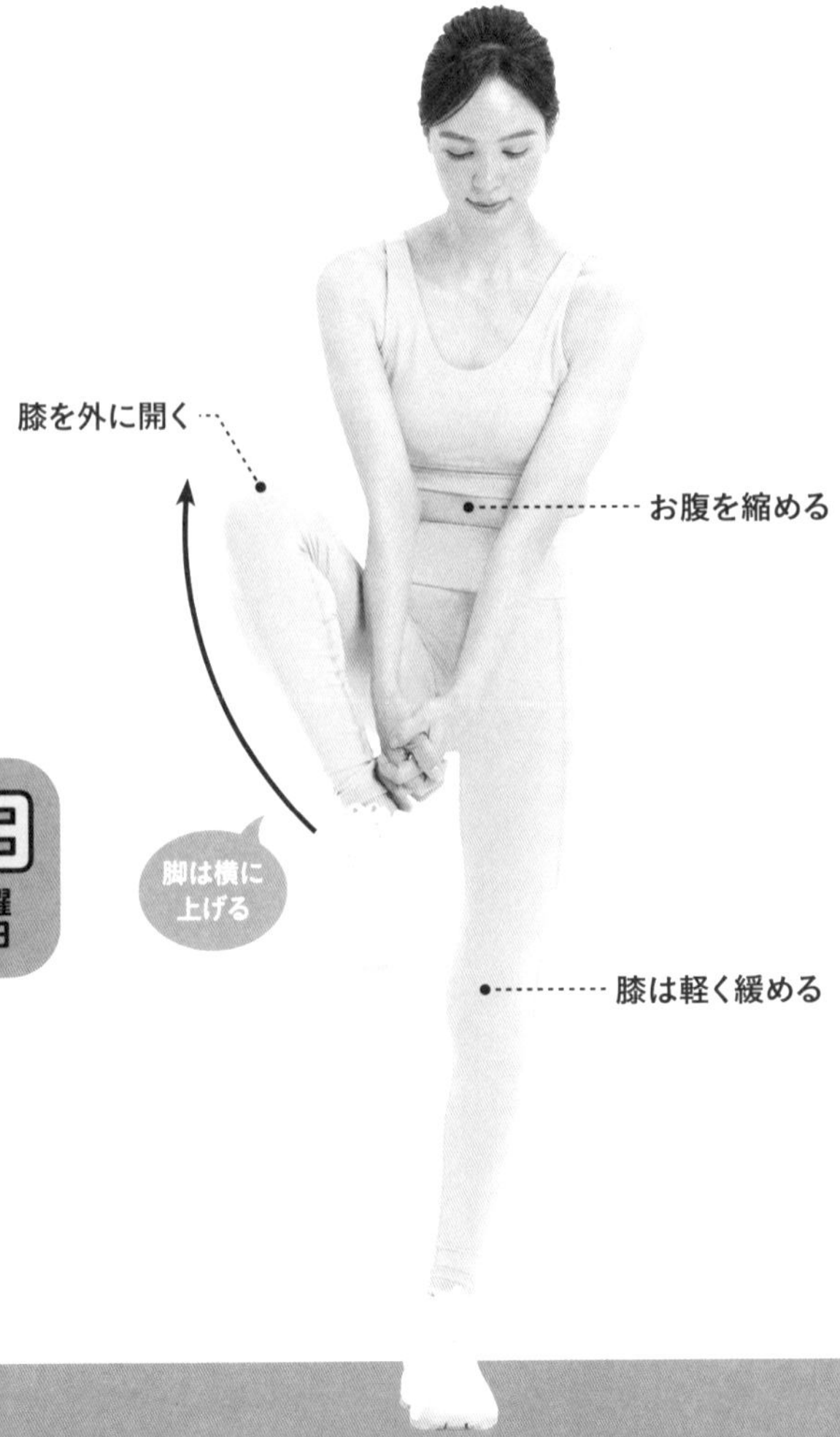
膝を外に開く
お腹を縮める
脚は横に上げる
膝は軽く緩める

Bad……

脚を前に上げて、もも上げのようにしない。

立ち腹筋

04

ベルダウン

くびれをギュッギュッとメイクする

Step 1

脚は肩幅に開き、頭の上で指をクロスする。

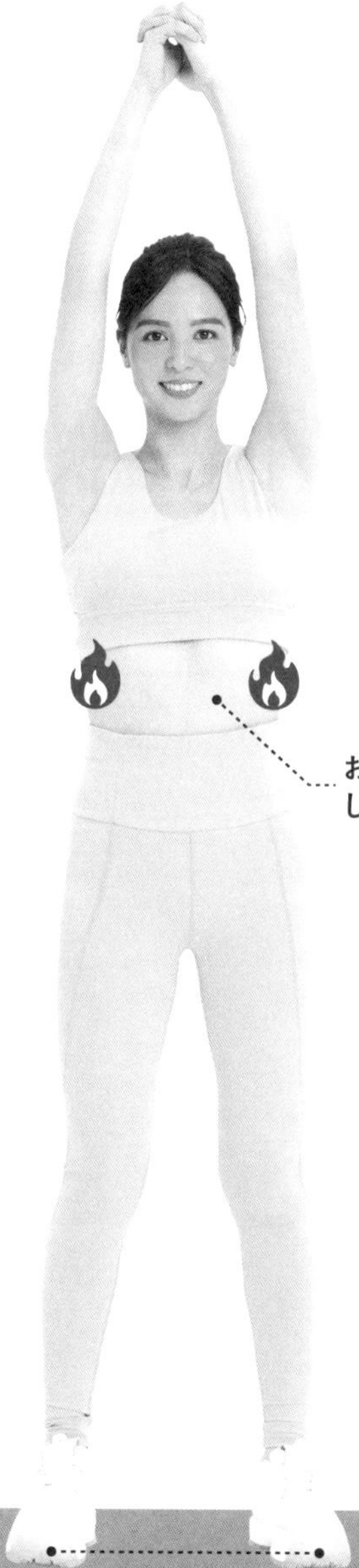

Point

腕を振り下ろすときに背筋を伸ばして。

Step 2

膝を曲げてお尻を後ろに引き、
息を吐きながら腕を右の膝の横まで振り下ろす。
吸いながら Step 1 に戻る。
これを左右交互に行う。

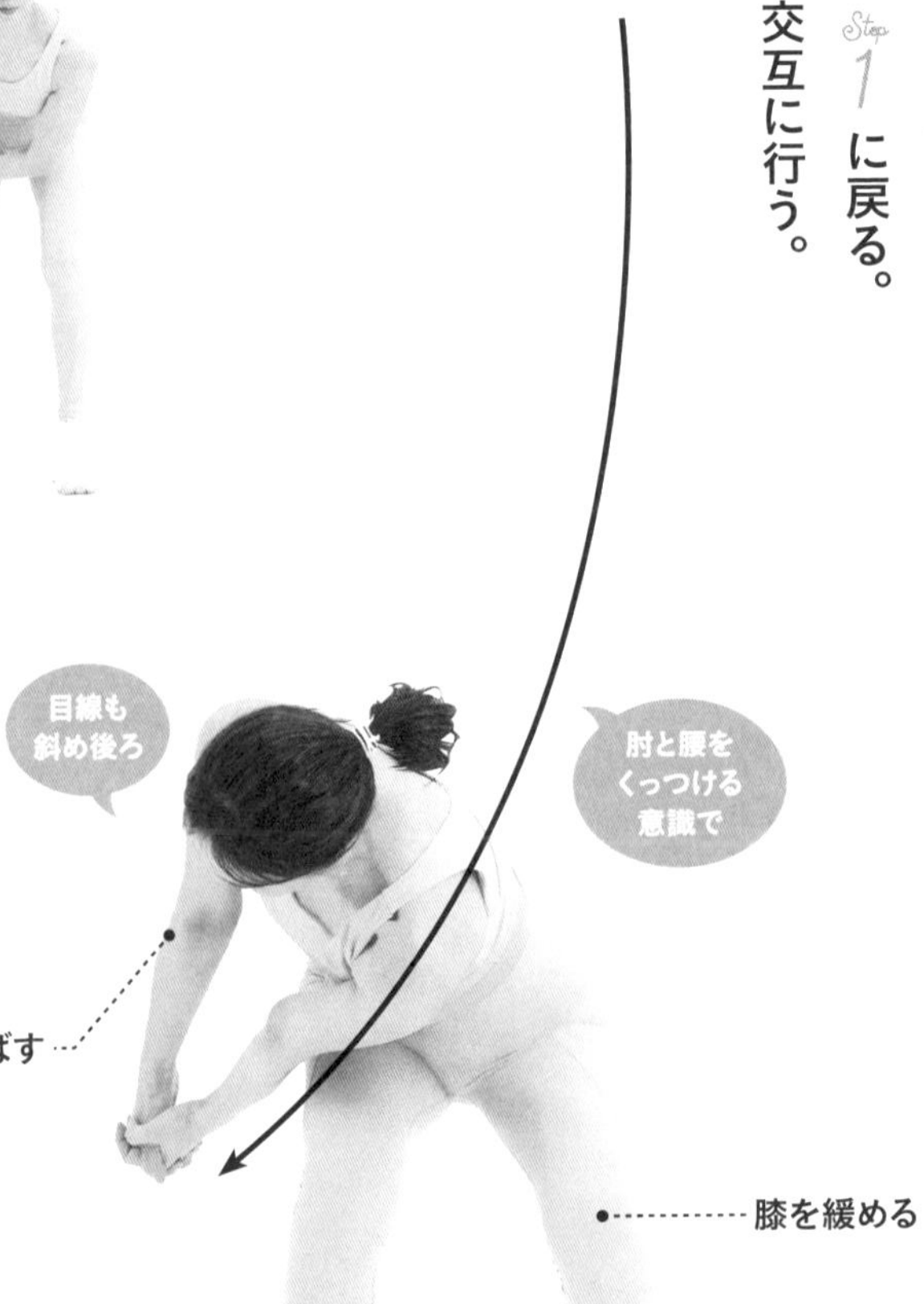

目線も斜め後ろ
肘と腰をくっつける意識で
肘は伸ばす
膝を緩める

Bad……

カラダをねじらず肘が曲がっていると、脇腹の筋肉に刺激が入りにくくなる!

立ち腹筋

05

ツイストタッチ

お腹全体を絞る総仕上げ

Step 1

脚は腰幅に開いたら右脚を後ろに引く。
手は耳の横に添える。

脇を開く
後ろの脚は真後ろより少し外側
かかとは上げる
前の脚に体重を乗せる

Step 2

息を吐きながらカラダを右にひねり
左肘を右膝にタッチする。
息を吸って Step 1 に戻る。
これを3回ずつ左右交互に行う。

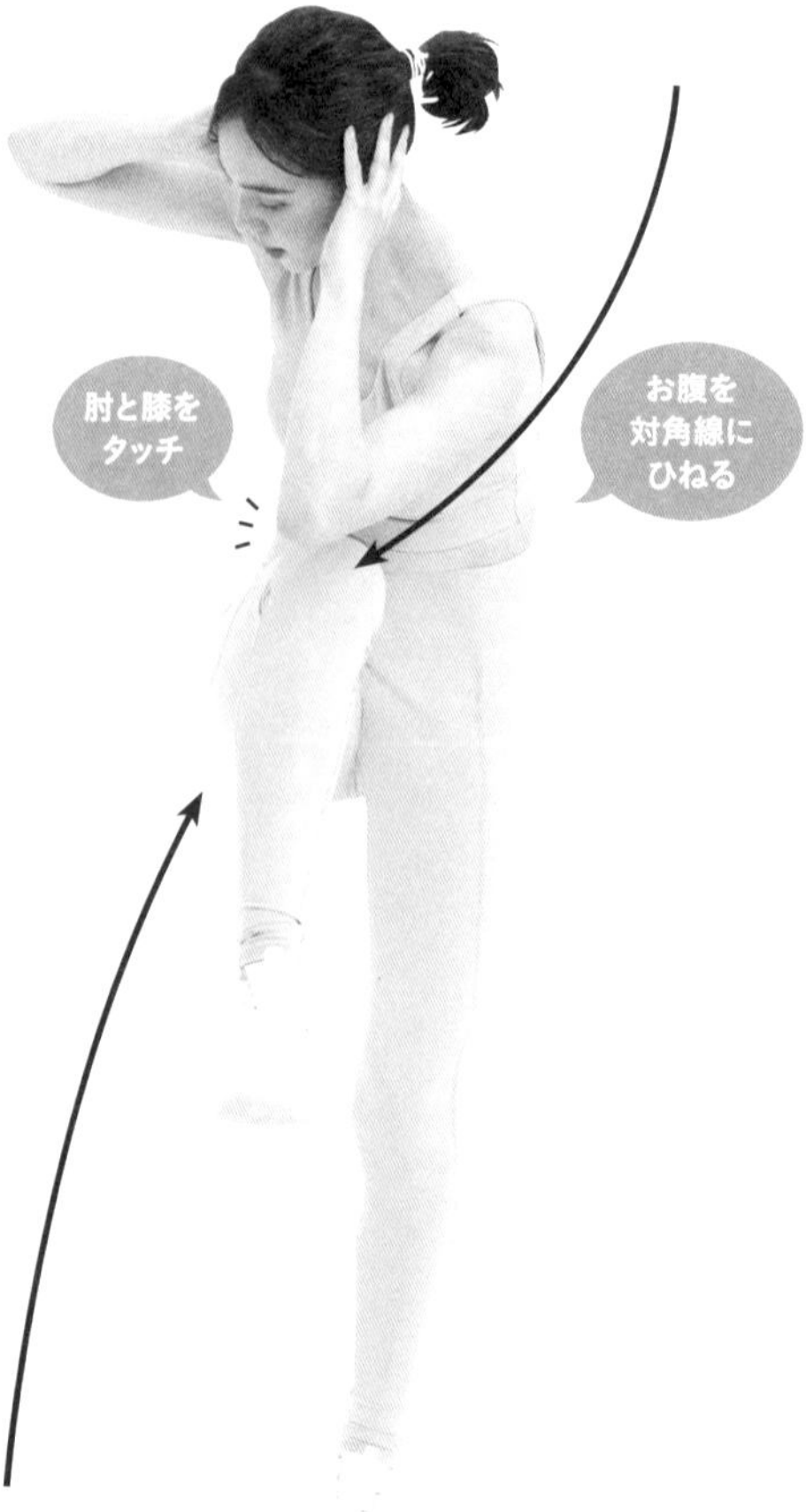

Bad……

体幹部をひねらずに肘と膝を近づけてしまうと、お腹ヤセがストップ!

膝パカ
99%のズボラが続いたスゴイ筋トレ

著 者 ユウトレ

2021年8月1日　初版発行

発行者　横内正昭
編集人　青柳有紀

発行所　株式会社ワニブックス
〒150-8482
東京都渋谷区恵比寿4-4-9えびす大黒ビル
電話　03-5449-2711（代表）
03-5449-2716（編集部）
ワニブックスHP　http://www.wani.co.jp/
WANI BOOKOUT　http://www.wanibookout.com/

印刷所　大日本印刷株式会社
製本所　ナショナル製本

※本書のメソッドは著者独自のものであり、効果・効用には個人差があります。
※事故やトラブルに関して本書は責任を負いかねますので、あくまでも自己責任においてご活用をお願いいたします。
※本書のメソッドを行うことに心配や不安がある場合は、専門家や専門医にご相談のうえお試しください。

ISBN 978-4-8470-7085-3

モデル 鈴木サチ

10代からファッションモデルとして活躍。現在は多数ファッション誌、広告、イベントに出演するなど幅を広げており、その洗練された着こなしと 親しみのあるキャラクターは多くの読者から支持を受けている。2013年にホノルルマラソン出場し完走。ピラティス（STOTT PILATES®認定インストラクター）やゴルフなど スポーツが得意な一面も持っている。プライベートでは三児のママでもあり、ベビーマッサージ、アロマライフスタイリスト資格を取得するなど、ママ世代からの共感を得ている。

Staff

ディレクター　中矢邦子
装丁・本文デザイン　木村由香利（986DESIGN）
撮影　長谷川梓
ムービー　ノンキビーム
音楽　peacetone music.
ヘアメイク　猪狩友介（Three PEACE）
只友謙也（リンクス）
構成　峯澤美絵
校正　深澤晴彦
編集　野秋真紀子（ヴュー企画）
編集統括　吉本光里（ワニブックス）

81min	COLOR	片面1層	無断公開不可	レンタル禁止	DVD VIDEO	DOLBY DIGITAL ※ドルビーは、ドルビー研究所の登録商標です。	16:9	2 NTSC日本市場向	複製不能	日本語

DVDについて

【ご使用前にお読みください】このDVD-Videoは、私的視聴に限って販売されています。著作権者に無断で複製、改変、放送（有線、無線）、インターネット等による公衆送信、上映、レンタル（有償、無償を問わず）することは、法律によって禁止されています。

【ご注意】■このDVD-Videoは、DVD規格に準じて制作されています。必ずDVD-Video対応のプレイヤーで再生してください。DVDドライブつきPCやゲーム機などの一部の機種では再生できない場合があります。すべてのDVD機器での再生を保証するものではありません。■DVD-Videoは、映像と音声を高密度に記録したディスクです。再生上のくわしい操作については、ご使用になるプレイヤーの取り扱い説明書をごらんください。■ディスクの両面とも、指紋、汚れ、傷等をつけないようにお取り扱いください。ディスクが汚れたときは、メガネふきのようなやわらかい布で内周から外周に向かって、放射状に軽くふきとり、レコード用クリーナーや溶剤などは、ご使用にならないでください。■ひび割れや変形、また、接着剤などで補修したディスクは危険ですし、プレイヤーの故障の原因にもなります。ご使用にならないでください。

【保管上のご注意】■直射日光の当たる場所や高温多湿の場所には保管しないでください。

【視聴の際のご注意】■このDVD-Videoを視聴する際には、明るい場所で、なるべく画面より離れてごらんください。長時間続けてのご視聴は避け、適度に休息をとるようにしてください。

【図書館の方へ】■このDVDは映像などの著作権を含むため、館外への貸し出しはお断りします。